François Galichet, ancien élève de l'École normale supérieure, a été professeur de philosophie à l'Université de Strasbourg. Il a publié plusieurs ouvrages sur la philosophie pour enfants et animé de nombreuses formations d'enseignants sur ce sujet.

Philosopher à tout âge

Approche interprétative du philosopher

DANS LA MÊME COLLECTION

Sébastien Charbonnier, *Aimer s'apprend aussi. Méditations spinoziennes*, 2018

François GALICHET

Philosopher à tout âge

Approche interprétative du philosopher

Préface de Jean-Luc Nancy

VRIN
• *Pratiques Philosophiques*

Directrice de collection : Gaëlle Jeanmart

Imprimé en France

ISBN 978-2-7116-2839-1

www.vrin.fr

PRÉFACE

Depuis les expériences et les projets qui voyaient le jour dans les années 1980 à partir des initiatives du Groupe de Recherches sur l'Enseignement de la Philosophie [1], bien rares ont été les tentatives de remettre en chantier l'hypothèse d'un enseignement philosophique en-deçà de la classe terminale. Il faut même dire que la tendance dominante est à l'inverse celle d'une diminution voire d'une extinction ou du moins d'une mutation décisive de l'enseignement de terminale. Cette tendance rencontre, le plus souvent, l'opposition des professeurs. Cette opposition légitime n'en doit pas moins compter, en même temps, avec la transformation considérable des conditions dans lesquelles cet enseignement a lieu. Il est un fait que la conception d'ensemble des programmes, des exercices et de l'examen final de philosophie au lycée est de plus en plus visiblement étrangère à la disposition générale de la culture, de la langue et des attentes des élèves d'aujourd'hui.

Il faut bien le dire : avec toutes ses qualités, cet enseignement d'exception à l'échelle de l'Europe et même du monde repose sur un édifice entier de formation, celui des humanités classiques (dans lequel, pour se contenter d'un trait remarquable, la classe terminale de « philosophie » succédait à une classe de « rhétorique », et les instruments discursifs de celle-ci étaient nécessaires pour un accès fructueux à la première). En réalité,

1. *Cf.* GREPH, *Qui a peur de la philosophie ?*, Paris, Flammarion, 1977.

un enseignement forgé pour la formation des élites d'une société encore en somme pré-démocratique et pré-technique, aux sens actuels pleins de ces mots, ne peut qu'entrer en contrariété avec des données irrécusables de la société actuelle. Il s'en suit une contradiction, qui peut être déchirante, entre la fonction désormais datée de cet enseignement et une autre fonction, celle de l'éveil de l'esprit critique, de la réflexion, de l'analyse et de l'argumentation : à ces instruments de la pensée, ce n'est pas l'élite, c'est l'ensemble des citoyens qui doit accéder.

Il s'en suit que ce que nous appelons encore « enseignement de la philosophie » doit connaître une mutation à laquelle aucune réforme des programmes de la seule terminale ne peut suffire. La première et minimale condition en est, de toute évidence, le développement d'une culture philosophique ou pré-philosophique (ce que Hegel entendait par *philosophische Bildung*) bien avant la terminale. Ce principe est irrécusable, car il ne renvoie à rien d'autre qu'à ceci : dans la culture des humanités, la maîtrise du discours, du concept, de l'argument, de la problématisation ne cessait de s'acquérir depuis les premiers stades d'une formation entièrement modelée et modélisée sur des textes, des disciplines et des pratiques livrés par la tradition de la plus haute culture.

Il faut qu'aujourd'hui le jeune élève puisse découvrir l'exercice de la pensée réfléchie et critique bien avant d'être formellement exposé à l'épreuve des textes, opérations et outils proprement philosophiques. François Galichet propose à cette fin une méthode. Je ne prétends pas être en mesure d'en évaluer la justesse ni l'efficacité : rien en la matière ne pourra valoir l'expérimentation. Mais il faut ouvrir la voie à celle-ci. C'est une nécessité, c'est même une urgence. Sans vouloir être pompeux, il faut affirmer : c'est un impératif catégorique de la démocratie.

La note qui précède avait été écrite en 2004 pour un ouvrage de François Galichet. On peut deviner sans peine qu'en 2018 elle est en partie dépassée, ne serait-ce que pour la raison précise et pratique des transformations importantes (d'horaires et de contenus) qui vont être introduites dans le lycée français. Elle l'est aussi parce que ce qu'on entend de plus en plus dans l'espace public sous le nom de philosophie a pris une forte coloration pragmatique : comment faire ? (plus que « que faire » et surtout bien plus qu'un questionnement sur le sens de « faire »). Comment faire pour respecter la biodiversité ? la diversité culturelle avec l'Etat de droit ? pour gérer GPA ou PMA ? pour organiser la santé publique ? pour réguler les flux migratoires ? etc. etc. La philosophie à laquelle font appel de telles questions est celle de l'éthique humaniste la mieux reçue, aujourd'hui mâtinée de procédures d'analyse tantôt linguistiques, tantôt sociologiques ou psychologiques.

Ces questions doivent être traitées. Il est bien de préparer les jeunes à les comprendre. Mais il s'agit plus d'une réflexion éthique et politique à l'intérieur d'espaces assez bien balisés dans notre société – même si les balises sont régulièrement secouées ou ébranlées. Hors de l'école, beaucoup de lieux, de medias, d'associations contribuent à ce travail.

Il me semble que cette situation demande en revanche qu'en même temps on interroge le sens même de « philosophie ». Car nous vivons un temps où ce sens lui-même vacille : la réflexion que je viens d'évoquer n'accède pas à la profondeur à laquelle notre civilisation est mise en question – et par elle-même avant tout. On dira que c'est l'affaire des philosophes-chercheurs plus que des enseignants. Mais il ne faut pas les séparer – et l'évolution récente ne cesse pas de le faire. Il y a là aussi matière à réflexion. Je ne cherche pas à répondre, pas ici du moins ni maintenant. Mais j'inscris cette exigence au seuil de ce nouvel ouvrage de François Galichet.

Il ne m'appartient pas d'entrer dans les intentions propres de ce livre : je suis convaincu de leur qualité. Je demande seulement que le souci que j'indique soit aussi pris en compte avec les autres soucis auxquels ici on trouvera des réponses.

Jean-Luc Nancy, mars 2018

INTRODUCTION

Ce recueil est né d'un triple constat.

Tout d'abord, le développement considérable, et même explosif, de ce qu'on appelle les « nouvelles pratiques philosophiques ». Entendons par là les activités à caractère philosophique qui se développent en dehors d'un cadre scolaire ou universitaire. La « philosophie pour enfants », initiée par Mathew Lipman, a été la première. Très vite d'autres ont suivi : cafés philo pour les adultes, ateliers de réflexion pour les seniors, ateliers intergénérationnels permettant à ces divers publics de réfléchir ensemble.

Jusqu'ici, ces diverses pratiques donnaient lieu à des outils pédagogiques spécifiques. Pour ne prendre que la philosophie pour enfants, on ne compte plus les ouvrages qui ont été publiés depuis plus de vingt ans, en France, en Belgique et dans de nombreux pays. Mais aujourd'hui les frontières s'estompent. La philosophie pour enfants, d'abord cantonnée à l'école primaire, s'étend désormais au collège, donc aux adolescents : la soudure est en passe de se faire avec la classe de philosophie de terminale des lycées. Il devient plus difficile, et même impossible, de penser la pratique de la philosophie en termes de niveaux d'âge précis, comme les programmes d'un cursus de mathématiques ou de sciences. Des questions, des textes, des problématiques que l'on pensait trop difficiles se révèlent intéresser des enfants, et inversement des adultes trouvent dans des questionnements enfantins des échos à leurs propres interrogations.

C'est pourquoi ce recueil de fiches s'intitule « Philosopher à tout âge ». Cela veut dire qu'il n'est pas destiné à un public déterminé ni à une tranche d'âge précise. Les enseignants, éducateurs et animateurs qui l'utiliseront sont invités à tester les outils qu'il propose, et à les adapter aux personnes avec lesquelles ils travaillent.

Un second constat est celui de la diversification considérable des démarches du philosopher en commun. Encore aujourd'hui, celui-ci se limite trop souvent au seul débat canonique, tel qu'il a été précisé et régulé par Michel Tozzi sous le nom de DVDP (Débat à visée démocratique et philosophique). On propose un sujet ou une question, et on se lance immédiatement dans un échange d'idées et d'arguments qui aboutit – ou non – à une conclusion. L'autre démarche est celle initiée par Lipman et théorisée par Edwige Chirouter : elle consiste à partir d'un texte fictionnel – album ou livre pour enfant, mythe, etc. – et à en extraire une question philosophique sur laquelle on discute. Ce n'est donc qu'une variante de la première démarche, tout comme le dilemme moral, qui a été beaucoup pratiqué et développé en Belgique.

Cette uniformité tient à une conception restreinte, pour ne pas dire réduite, du philosopher. Elle se réfère à la trilogie des objectifs proposée par Michel Tozzi : conceptualiser, problématiser, argumenter. L'activité philosophique consisterait à poser une question puis avancer une thèse en réponse – ce qui suppose de passer de l'exemple au concept, du singulier à l'universel. Puis cette thèse devrait être validée ou infirmée par des arguments.

On est là dans une conception logiciste et intellectualiste de la philosophie. Celle-ci s'apparenterait à la démarche scientifique, qui elle aussi procède par élaboration d'un problème, puis d'hypothèses, et enfin démonstration ou validation. Il s'agirait simplement de transposer dans un autre domaine – celui des questions proprement philosophiques – une démarche qui a fait ses preuves ailleurs.

Ce modèle explique la prédominance du débat sur toute autre démarche : débattre, c'est confronter des idées, poser des questions et tenter d'y répondre en produisant des arguments.

Cette conception est-elle conforme à la pratique effective de la philosophie, telle qu'elle se donne à travers son histoire, de Platon à Levinas ? C'est ce que nous examinerons dans le premier chapitre. Si, comme nous essaierons de le montrer, celle-ci a considérablement évolué depuis Aristote, non seulement dans ses contenus, mais aussi dans ses méthodes, alors l'enseignement du philosopher doit en tenir compte et s'ouvrir à des démarches qui pour l'instant ne sont pas aussi usuelles que le débat ou la dissertation dans l'enseignement institutionnel de la philosophie.

Un troisième constat est celui de l'importance accrue de l'apprentissage du philosopher dans la conjoncture actuelle. Traditionnellement en France, celui-ci commençait en Terminale des Lycées. Il visait à faire des jeunes lycéens, à l'orée de leur majorité, des citoyens responsables et adeptes réfléchis des valeurs républicaines. Cette finalité demeure dans l'élargissement auquel on assiste depuis quelques décennies : dans le nouvel enseignement dit EMC (éducation morale et civique), le débat notamment philosophique vise à prévenir toutes les formes de déviance et de radicalisation qui menaceraient la vie démocratique. Il en va de même en Belgique avec son insertion dans l'enseignement dit « d'éducation à la philosophie et à la citoyenneté » (EPC).

Mais aujourd'hui une autre attente émerge et devient de plus en plus insistante. Il ne s'agit plus seulement de philosopher pour prévenir la violence ou les tentations autoritaires. Il s'agit aussi de faire face à des évolutions qui apparaissent de plus en plus contestées et contestables. Les tendances naturelles de l'économie menacent la planète et la survie même des hommes qui l'habitent. Elles conduisent à une aggravation des inégalités qui apparaît moralement inacceptable et socialement dangereuse.

De nouvelles technologies s'imposent qui remettent en cause les fondements même de l'humanité de l'homme. Dans cette conjoncture, philosopher apparaît plus urgent que jamais. Ce n'est plus seulement une question de sagesse et d'équilibre, mais de survie face à des périls mortels.
Dans un tel contexte, il ne suffit plus d'apprendre à raisonner, à conceptualiser et à développer son esprit critique. Il faut aussi s'exercer à interpréter les situations nouvelles qui sont quotidiennement vécues. Il faut déchiffrer le sens de ce qui se présente comme « évident » et « bénéfique ». Il faut apprécier les enjeux d'une situation, évaluer les pratiques les plus courantes, juger les comportements et les habitudes les plus enracinées. Or l'exercice du jugement ne se borne pas à définir des critères et à les appliquer. Il implique la perception d'analogies entre des expériences qui ne sont ni jamais identiques, ni jamais différentes. Interpréter, juger, évaluer sont des capacités qui doivent être développées tout autant que conceptualiser, problématiser et argumenter.

Trop souvent, les activités philosophiques se déroulent en autarcie, comme si la philosophie était une discipline spécifique à côté des autres et sans lien avec elles. Cette conception est aux antipodes de la pratique réelle des grands philosophes. On trouve chez Platon de nombreuses analyses des mythes ou des tragédies de son époque. Hegel ne cesse de se référer aux œuvres littéraires et picturales des cultures qu'il analyse. Rousseau et Nietzsche écrivaient des critiques musicales et théâtrales. Le questionnement philosophique travaille toutes les facettes de la culture et non pas seulement les pensées strictement cataloguées comme philosophiques. On ne philosophe pas « à mains nues », à partir de rien, ou seulement de ce qui est supposé jaillir du cerveau de chacun. C'est pourquoi la démarche interprétative et évaluative est aussi une approche *culturelle* du philosopher. Elle se déploie à partir et à travers les œuvres, les productions, les pratiques présentes et passées pour en interroger les sens multiples souvent contradictoires.

Dans les chapitres qui suivent, nous tenterons de préciser en quoi consiste cette démarche interprétative et évaluative qui constitue l'autre branche du philosopher, en parallèle à la démarche argumentative. Nous analyserons les compétences spécifiques qu'elle implique et comment elles peuvent être apprises grâce à des exercices appropriés dans les ateliers et classes de philosophie. Nous verrons en quoi elles sont essentielles à la vitalité de la démocratie.

La seconde partie de cet ouvrage comprend dix fiches. Elles illustrent, sur des thèmes divers, cette approche plurielle du philosopher. Elles proposent, sur chacun de ces thèmes, des exercices et activités relevant soit de la démarche « interprétative », soit de la démarche « argumentative ». Il va de soi que les deux démarches sont complémentaires : chacune nourrit, enrichit, perfectionne l'autre. Un atelier ou une classe de philosophie ne peut que les pratiquer toutes deux, simultanément ou alternativement.

Ces fiches font une large place – notamment dans les activités interprétatives – à des œuvres de peintres de toutes les époques, comme aussi à des poésies, des chansons et des textes religieux. Philosopher ne saurait être une activité abstraite, purement idéelle, comme si jamais personne auparavant ne s'était posé les questions qu'on discute. Philosopher peut et doit être l'occasion de découvrir les grandes œuvres du patrimoine artistique et religieux de l'humanité. Cela suppose bien évidemment que les animateurs d'atelier fournissent les explications indispensables à leur compréhension. Nous en donnerons des éléments dans chaque fiche.

CHAPITRE PREMIER

POUR UNE DÉMARCHE INTERPRÉTATIVE EN PHILOSOPHIE

La philosophie a-t-elle toujours consisté, conformément à la conception qu'on en donne habituellement, à poser des questions, à tenter d'y répondre en élaborant des concepts et à argumenter en faveur de thèses énoncées au moyen de ces concepts ? Jusqu'à Kant, incontestablement oui. Pour s'en tenir à la période classique, philosopher, pour Descartes et ses successeurs (Leibniz, Spinoza, Malebranche) consiste à formuler des définitions claires, aussi univoques que possible, et à en tirer des conclusions en suivant « l'ordre des raisons » tel qu'analysé dans le *Discours de la méthode*. En témoigne la préférence récurrente pour l'ordre « more geometrico », dont *L'Ethique* de Spinoza constitue l'illustration la plus achevée.

LE TOURNANT KANTIEN

Mais à partir de Kant, tout change. Kant, dans la préface à la *Critique de la raison pure*, dénonce la métaphysique comme « *Kampfplatz* » (champ de bataille) – c'est-à-dire précisément comme activité argumentative opposant une thèse à une autre, chacune avec son arsenal d'arguments et de réfutations, donnant lieu à d'interminables controverses. Il montre, dans la dialectique de la raison pure, que la démarche argumentative en philosophie est incapable d'atteindre une quelconque vérité, et que les débats auxquels elle donne lieu sont indécidables, donc interminables.

A ce modèle Kant oppose le modèle critique : la philosophie ne consiste plus à démontrer une thèse, mais à dégager, expliciter les conditions de possibilité et les limites de la connaissance en général, et de la connaissance scientifique en particulier. Il ne s'agit plus de prouver un énoncé (« Dieu existe », « l'âme possède une réalité distincte du corps », « l'homme est libre »). Il s'agit de scruter le vécu – non le vécu individuel et singulier de chacun, mais le vécu générique de l'homme en tant que sujet universel d'une expérience se donnant d'emblée comme normative, porteur d'une appréhension du monde comportant des règles, des exigences, des attributs valables a priori pour tout individu. Contrairement à ses prédécesseurs, Kant ne part plus d'une conception de ce que doit être la science pour en dériver les règles de la bonne méthode scientifique. Il part des sciences existantes (les mathématiques, la physique newtonienne) pour en extraire les principes qu'elles impliquent. La démarche critique est donc en elle-même et par elle-même herméneutique.

La tâche de la philosophie n'est dès lors plus de prescrire aux hommes ce qu'ils doivent faire. Elle est de déchiffrer ce qui est présent dans l'expérience, d'expliciter ce qui est implicite, de clarifier ce qui est perçu sans être encore réfléchi, d'interpréter ce qui se donne comme un texte brut. Comme le dit Kant, les hommes n'ont pas – heureusement – attendu les philosophes pour savoir quel est leur devoir et connaître la loi morale. Philosopher, c'est seulement (et c'est déjà beaucoup) aider à mieux comprendre ce que l'on a toujours-déjà compris.

Déjà Saint Augustin avait mis en avant cette importance de la démarche interprétative dans l'accès à la vérité. Comme le montre bien Stéphane Marchand [1], la question de la vérité est

1. Stéphane Marchand, « Saint Augustin et l'éthique de l'interprétation », dans P. Wotling, *L'interprétation*, Paris, Vrin, 2010, p. 11-36.

aussi pour lui une question existentielle. On ne peut pas séparer la connaissance du vrai de l'amour du vrai : c'est pourquoi sa recherche suppose une éthique de l'interprétation. On connaît et on juge par un seul et même acte. Cet acte ne relève pas d'une intuition intellectuelle, mais de l'effort concret pour discerner le sens profond de textes (la Bible, pour Augustin) ou d'expériences vécues (les sentiments, les émotions) derrière leurs significations apparentes : « Ce que je lisais au dehors, je le reconnaissais au dedans ». La pluralité des sens, dans cette perspective, n'est pas une preuve de nullité, mais au contraire de validité. Elle est plus « une richesse qu'une faiblesse [1] » dès lors que certaines conditions sont remplies : « il faut savoir écouter ce que les choses ont à dire ». Les *Confessions* illustrent cette « herméneutique de soi-même », tout comme la *Cité de Dieu* est une herméneutique du monde et de l'histoire.

Après Kant, la philosophie ne cessera de développer et d'approfondir ce nouveau modèle. On ne trouve pas, dans la *Phénoménologie de l'esprit* de Hegel, la moindre trace d'une « argumentation ». Hegel s'attache essentiellement à analyser des situations à la fois individuelles et historiques – la servitude, la conscience malheureuse, la foi, la Terreur, etc. – pour en expliciter la signification radicale. Contrairement à la connaissance mathématique ou scientifique qui considère ses objets de l'extérieur, la philosophie se développe selon « un mouvement lent et une succession d'esprits, une galerie d'images dont chacune est ornée de toute la richesse de l'esprit ». Il s'agit « d'extraire de (chaque) figure sa propre grandeur » [2]. La métaphore de la promenade dans un musée se substitue à celle du savant dans son laboratoire ou son cabinet de travail : philosopher consiste désormais non à démontrer une thèse mais à contempler, observer, déchiffrer, analyser et interpréter

1. *Ibid.*, p. 14.

2. Hegel, *Phénoménologie de l'esprit*, trad. fr. B. Bourgeois, *VIII. Le savoir absolu,* Paris, Vrin, 2006, p. 645.

les œuvres de l'esprit. Voilà qui peut étayer l'approche du philosopher par les œuvres picturales que nous proposons.

GÉNÉALOGIE ET PHÉNOMÉNOLOGIE

Après lui, Nietzsche n'argumente pas davantage. La démarche généalogique ne vise pas à démontrer l'inanité de certaines croyances – comme la croyance en Dieu, ou un monde des idées séparé de celui des phénomènes, ou le caractère impératif du devoir moral – mais à remonter jusqu'à leur origine, à en expliciter la signification inconsciente et à suivre le fil de leurs transformations au fil des siècles. Dans *Par-delà le bien et le mal*, il écrit : « J'ai peu à peu découvert ce que toute grande philosophie a été jusqu'à ce jour – la confession de son auteur et une sorte de Mémoires involontaires et inconscients. (…). Chez le philosophe, il n'y a rien d'impersonnel et sa morale notamment témoigne de façon nette et décisive de ce qu'il est, c'est-à-dire de la hiérarchie qui préside chez lui aux instincts les plus intimes de sa nature ». [1] Philosopher, c'est alors déchiffrer, débusquer, dégager ces « intentions secrètes » qui animent toute pensée. On est ici encore dans l'herméneutique et non dans l'argumentation.

Husserl constate pareillement que « depuis ses tout premiers commencements la philosophie a toujours prétendu être une science rigoureuse »; mais « à aucune époque de son développement elle n'a pu satisfaire cette prétention » [2]. La faute en est qu'elle a voulu procéder comme les sciences mathématiques ou naturelles, par démonstrations et argumentations. Elle ne parviendra à devenir une science rigoureuse qu'en changeant de méthode et en mettant en œuvre

1. Nietzsche, *Par-delà le bien et le mal*, § 6, Paris, 10-18, 1964.

2. Husserl, *La philosophie comme science rigoureuse*, Paris, PUF, 1954, p. 51.

« des procédés propres d'éclaircissement » [1]. C'est cette « méthode d'éclaircissement » qui la caractérise ; elle la définit comme « phénoménologie de la conscience », qui suppose tout un travail spécifique (réduction, variation eidétique, etc.) pour parvenir à la « saisie phénoménologique de l'essence ». Ce travail s'effectue « sans toutes les méthodes indirectes de symbolisation et de mathématisation, sans l'appareil des conclusions et des preuves » [2], c'est-à-dire, ici encore, sans argumentation.

Levinas, reconnaissant sa dette envers Husserl, définit le philosopher comme « présence auprès des choses, dans leur vrai statut, en éclairant précisément ce statut, le sens de leur objectivité, de leur être, ne répondant pas seulement à la question de savoir « qu'est-ce ? », mais à la question « comment *est* ce qui est, que signifie qu'il est ? » [3]. Le vocabulaire employé – « sens », « éclairant », « que signifie » – indique bien qu'on est dans une démarche interprétative et herméneutique.

LA PHILOSOPHIE DE L'ESPRIT

Aujourd'hui, la « philosophie de l'esprit » d'inspiration essentiellement anglo-saxonne continue cette orientation. Wilfrid Sellars défend l'existence d'une « image extérieure » du monde, qui « possède un mode d'existence objectif dans la réflexion philosophique » et « transcende en quelque sorte la pensée de tout un chacun » [4]. La tâche de la philosophie est d'analyser « le cadre conceptuel où nous nous pensons les uns les autres comme

1. *Ibid.*, p. 68.
2. *Ibid.*, p. 125
3. Emmanuel Levinas, *Ethique et infini*, Paris, Le Livre de Poche, 1982, p. 21.
4. Wilfrid Sellars, « La philosophie et l'image scientifique de l'homme », dans D. Fisette et P. Poirier (dir.), *Philosophie de l'esprit*, vol. I, Paris, Vrin, 2002, p. 75.

partageant les intentions collectives (*community intentions*) dont sont tributaires les principes et les normes ambiants » [1].

Dans le prolongement de cette démarche, la plupart des philosophes aujourd'hui pensent le philosopher en termes d'interprétation plutôt que d'argumentation. Ainsi Michael Sandel : « Vivre sa vie, c'est entreprendre une quête narrative (…). La délibération morale relève d'une question d'interprétation de ma vie plutôt que de l'exercice de ma volonté » [2]. Ou Michael Walzer : « La justice est relative à des significations sociales (…). Une société donnée est juste si sa vie substantielle est vécue d'une manière qui soit fidèle aux compréhensions partagées de ses membres » [3] : ce qui le conduit à distinguer des « sphères de justice » et à abandonner l'idée d'un concept unitaire de la justice.

Alasdair Mac Intyre parle lui aussi « d'identité narrative » inscrite dans un récit qu'il faut déchiffrer, interpréter, expliciter. « Nous avons trop de concepts disparates et rivaux de la justice et les ressources morales de la culture ne nous permettent nullement de résoudre la question rationnellement » [4], c'est-à-dire en argumentant, démontrant, conceptualisant. Daniel Dennett, reprenant la démarche husserlienne, appelle « hétérophénoménologie » [5] une analyse qui ne se réduirait pas à l'introspection, mais prendrait en compte la dimension intersubjective de la conscience.

Les neurosciences confirment cette démarche. Elles mettent en évidence la « dimension interprétative » de la subjectivité que Lionel Naccache oppose au « mode de raisonnement lent,

1. Wilfrid Sellars, « La philosophie et l'image scientifique de l'homme », p. 115.

2. Michael Sandel, *Justice*, Paris, Albin Michel 2016, p. 326.

3. Michael Walzer, *Sphères de justice*, Paris, Seuil, 1997, p. 433-434.

4. *Ibid.*

5. Daniel Dennett, *De beaux rêves*, Paris, Folio-Gallimard, 2012.

sériel, logico-déductif, régulé par une dichotomie entre « vrai » et faux » qui caractérise le fonctionnement conscient » [1]. Cette faculté interprétative « ne cesse d'élaborer des scénarios qui donnent sens au réel » [2]. Elle « revient à considérer les productions mentales comme d'authentiques œuvres de fictions ». Comment mieux justifier le recours à des fictions externes – œuvres picturales, poétiques ou romanesques – pour déchiffrer et expliciter ces interprétations qui donnent sens au monde ? La démarche argumentative apparaît bien pauvre, seconde et dérivée par rapport à ce socle primordial de la pensée.

Toute la question est donc de savoir si la philosophie – avec les enfants, les lycéens, les adultes – peut utiliser comme paradigme dominant du philosopher une conception de la philosophie dépassée depuis deux siècles. S'en contenter, c'est un peu comme si l'on prétendait aujourd'hui analyser les phénomènes naturels en se référant au modèle de la physique aristotélicienne, en ignorant les acquis de la physique newtonienne et einsteinienne. Que la philosophie comporte un aspect argumentatif, axé sur la conceptualisation (production de définitions), la problématisation (production de questions) et l'affirmation (production et argumentation de thèses), c'est incontestable. Mais la ramener à ce seul aspect, c'est ignorer les acquis récents de l'histoire philosophique. C'est manquer un aspect important des discussions entre enfants ou adultes. C'est réduire le philosopher à une forme quasi canonique – la DVDP, ou, aux niveaux supérieurs de l'enseignement, la dissertation – alors qu'il peut et doit donner lieu à une variété d'activités qui échappent aux finalités et aux critères du modèle délibératif : travail à partir et autour d'images (photolangage) ou d'œuvres

1. Lionel Naccache, *De quoi prenons-nous conscience ?*, Paris, Éditions Manucius, 2013, p. 40.

2. *Ibid.*, p. 16.

littéraires, textes libres philosophiques, scénarisation de concepts, « squiggle » philosophique [1], élaboration de cartes mentales, travail sur les analogies, etc.

1. Le *squiggle* est une pratique thérapeutique inventée par le psychanalyste D.W. Winnicott. Elle consiste à entamer avec un enfant un dialogue essentiellement graphique. A tour de rôle le thérapeute et l'enfant ajoutent un trait sur une feuille commune, pour construire ensemble un dessin de plus en plus complexe. Chaque ajout donne lieu à explication. On peut assez aisément transposer cette technique dans le registre d'un échange philosophique, soit entre pairs, soit entre un élève et un enseignant. Sur un thème donné (la liberté, le bonheur, etc.) chacun à son tour trace une forme et la justifie par rapport au thème. La consigne est qu'on n'a pas le droit de raturer ce qu'a dessiné l'autre, mais seulement d'ajouter ou modifier de manière à changer plus ou moins le *sens* général du dessin.

CHAPITRE II

LE FONDEMENT INTERPRÉTATIF DE LA SUBJECTIVITÉ

Pendant longtemps, la subjectivité – supposée constituer le propre de l'homme – a été pensée comme l'exercice de la raison. Dans cette perspective, le langage est essentiellement la faculté permettant de former des concepts, de connaître les réalités du monde matériel et/ou spirituel. Dans la vie courante, ces concepts sont vagues et approximatifs ; l'activité scientifique et de la philosophie visent à les rendre plus rigoureux, plus précis, plus adéquats aux choses dont ils prétendent rendre compte. Philosopher est alors un *travail sur les significations* : depuis la dialectique de Platon jusqu'à la méditation cartésienne, il s'agit toujours de clarifier, préciser, conceptualiser en vérifiant constamment leur adéquation aux choses ; la vérité se définit d'ailleurs par cette adéquation même (*adaequatio rei et intellectus*).

Comme nous l'avons vu dans le chapitre précédent, cette conception est remise en cause depuis Kant. Se développe depuis lors une distinction fondamentale entre *signification* et *sens*. En quoi consiste-t-elle ?

SIGNIFICATION ET SENS

François Rastier, fondateur de la « sémantique interprétative », définit la signification comme relevant de « la problématique dominante, de tradition logique et grammaticale ». « Elle privilégie dans le langage les signes et la syntaxe.

Elle les rapporte aux lois de la pensée rationnelle. Elle est centrée sur la cognition » [1]. Elle pense la signification comme une *représentation* – plus ou moins fidèle – de ce qu'elle signifie. C'est pourquoi sa démarche est essentiellement analytique : pour chaque signification, pour chaque concept, il faut effectuer un long et patient travail d'ajustement. Dans la DVDP comme dans les programmes de philosophie, cette prédominance de l'analytique prend la forme de l'étude d'une *notion.* Le programme de terminale des lycées français comme des collèges ou athénées belges est organisé autour de notions supposées incontournables (la liberté, la justice, la vérité, le travail, etc.). Les DVDP avec les enfants reprennent ce schéma en privilégiant les questions en forme de « Qu'est-ce que ? » (l'amour, le bonheur, la violence, etc.). Philosopher, ce serait alors déterminer la ou les significations d'une notion et pouvoir les résumer en quelques mots par une définition.

L'étude du sens, en revanche, « prend pour objet les textes et les discours dans leur production et leur interprétation ». En tant qu'interprétation ou herméneutique, l'étude du sens « suppose une contextualisation maximale aussi bien par la langue (le contexte, c'est tout le texte) que par la situation (qui se définit par une histoire et une culture) » [2]. C'est pourquoi François Rastier la définit comme un « parcours », alors que la signification est une « relation » (entre le mot et la chose, le signifié et le référent).

La distinction de la signification et du sens se prolonge par une autre, celle de l'exemple et du document. Dans les DVDP conceptualisantes, il est beaucoup question d'exemples : les enfants en citent abondamment, et les animateurs se plaignent parfois qu'il soit difficile de dépasser ce niveau pour accéder à

1. François Rastier, *De la signification au sens. Pour une sémiotique sans ontologie*, (Paru en italien : « Dalla significazione al senso : per una semiotica senza ontologia », in *Eloquio del senso*, Milano, Costa & Nolan, 1999, p. 213-240. Inédit en français).

2. *Ibid.*, p. 214.

la conceptualisation proprement dite. Dans cette perspective, un exemple se doit d'être le plus univoque possible. Il doit illustrer, concrétiser, « exemplifier » une notion ou une relation générale. Sa nature est par essence locale : il indique un lieu précis de la pensée ou de l'expérience, il se rapporte à un point déterminé qu'il s'agit de caractériser en le distinguant de tout autre, et surtout de ses voisins.

Certes, on peut et on doit solliciter la production, par les élèves, de « contre-exemples ». Mais ceux-ci ne servent qu'à révéler les insuffisances des hypothèses et définitions avancées. Un contre-exemple oblige à approfondir le travail de conceptualisation, soit pour dissocier une notion trop vague en plusieurs concepts (justice commutative/distributive, éros/agapè, etc.), soit pour invalider une hypothèse. Dans tous les cas, l'idéal de l'exemple est toujours l'univocité : il doit être simple, clair, précis – sinon il se transforme en bavardage où l'enfant raconte « ses petites histoires » en oubliant le sujet de la discussion; l'animateur se sent obligé de le rappeler à l'ordre et d'éviter les « digressions ».

Il en va tout autrement dans l'attitude herméneutique partant d'un donné « global » : texte littéraire, poème, chanson, tableau, description d'une situation vécue, etc. Le critère ici n'est plus l'univocité (dégager *la* signification de l'exemple, c'est-à-dire le concept qu'il exemplifie). C'est au contraire la polysémie : une œuvre, une description, un texte sont d'autant plus intéressants qu'ils sont plus riches, ce qui veut dire foisonnants de sens multiples, divergents, voire contradictoires. Le critère du jugement n'est plus la simplicité mais la complexité. Une discussion philosophique qui adopte cette démarche sera d'autant plus réussie qu'elle aura conduit les participants à proposer des interprétations diverses, ambiguës, flottantes et cependant liées, comme autant d'éléments qu'il s'agira de penser ensemble à partir de leur pluralité même.

Ces deux démarches – conceptuelle et herméneutique, argumentative et interprétative – sont-elles à mettre sur le même plan, ou bien l'une est-elle plus fondamentale et primordiale que l'autre ? Les sciences cognitives nous aident aujourd'hui à répondre à cette question qui est longtemps restée en suspens, alimentant une querelle sans fin entre « philosophes du concept » et partisans d'une « philosophie herméneutique ».

PRIMAUTÉ DE LA DÉMARCHE HERMÉNEUTIQUE

Pourquoi conceptualiser et interpréter semblent-ils des activités mentales à la fois opposées et associées ? Une situation imaginée par Daniel Dennett [1] peut nous aider à répondre. « Quand vous dites : « Une petite promenade ? » à votre chien et qu'il saute avec un aboiement joyeux et que sa queue s'agite impatiemment, on n'a pas réellement affaire à une question et une réponse ». Le chien réagit à la parole de son maître en manifestant tout simplement son envie de sortir. Si, en revanche, vous adressez la même parole à un proche – votre femme, votre enfant, un ami – il peut dire : « Je préférerais attendre qu'il fasse moins chaud », ou « Non, si c'est pour aller toujours dans le même parc », ou : « Tu ne te sens pas bien à la maison ? » ou toute autre réponse qu'on pourra imaginer.

Bref, la phrase : « Une petite promenade ? » peut être interprétée comme un ordre, une requête, une proposition, une exclamation, une annonce (« je vais me promener »), un encouragement, une invitation, une admonestation (« Tu ne fais pas assez d'exercice ! ») ou de bien d'autres façons encore. Tout dépend du ton, du contexte, des relations entre moi et celui à qui je m'adresse.

Ce qui distingue l'humain du non-humain (en l'occurrence, le chien), ce n'est donc pas la faculté de raisonner ou de former des concepts. En un sens, on peut dire que le chien a lui aussi un

1. Daniel Dennett, *La stratégie de l'interprète*, Paris, Gallimard, 1990, p. 357.

concept de la promenade parfaitement clair. Il n'est pas en mesure de l'exprimer par un mot, mais il en connaît la signification, comme le montre sa réaction.

Ce n'est pas non plus la faculté de désirer ou de sentir : le chien lui aussi désire se promener et manifeste sa joie d'avance.

Ce qui est propre aux humains, c'est *l'ambiguïté* : à savoir, la capacité de dire des choses susceptibles de plusieurs sens non immédiatement évidents, et qui du reste peuvent se chevaucher : ma phrase peut être à la fois un mélange d'ordre, d'invitation, d'incitation et de remontrance à des degrés divers.

La réaction du chien n'appelle pas d'interprétation : elle est claire, comme d'ailleurs ma propre parole à son endroit, dont il saisit immédiatement la signification. En revanche, la même parole adressée par un humain à un autre humain appelle une explicitation, des clarifications, justifications : elle engendre un dialogue en droit indéfini.

La démarche interprétative, du point de vue des relations intersubjectives, n'est donc pas au même niveau que la démarche conceptualisante ou argumentative. Elle est première et plus fondamentale. L'humain est d'abord un être qui s'offre à l'interprétation, qui l'appelle, la nourrit, la relance – avant d'être aussi, et ensuite, un être raisonnant et argumentant par concepts « clairs et distincts ».

C'est cette thèse que développe Daniel Dennett tout au long de son ouvrage *La stratégie de l'interprète* :

> Chacun d'entre nous est dans la majorité des cas une sorte d'auto-psychologue invétéré, qui invente sans effort des interprétations intentionnelles de ses propres actions, dans un mélange complet d'affabulation, de justifications rétrospectives et (dans certaines occasions sans doute) de théorisations correctes [1].

Ces interprétations, nous ne cessons de les proposer aux autres qui peuvent les accepter ou au contraire nous proposer

1. Daniel Dennett, *La stratégie de l'interprète*, *op. cit.*, p. 121.

les leurs en retour. On peut ainsi considérer l'ensemble des relations humaines comme un « dialogue interprétatif » sans commencement (il a toujours-déjà commencé) ni fin (il se poursuit par-delà la mort, comme on le voit avec les écrivains, les artistes, les hommes politiques, etc.).

Cette thèse rejoint les analyses des neurosciences. Lionel Naccache, dans une conférence résumant les études sur la conscience menées au moyen de l'imagerie cérébrale, conclut :

> Le contenu de notre conscience fait toujours sens pour nous. Et cette dimension signifiante ne requiert pas de notre part un effort ou un jugement. Le sens s'offre à nous dans la prise de conscience. S'ensuit alors une dynamique de ces interprétations et de ces croyances [1].

Chez des patients au cerveau divisé, « leur hémisphère gauche, doté des facultés du langage, ne cesse d'élaborer des scénarios qui donnent sens au réel. Cette faculté interprétative revient ainsi à considérer les productions mentales comme d'authentiques œuvres de fiction ! » [2]. S'établit de cette manière « une démonstration expérimentale de la dimension interprétatrice et fabulatrice de notre conscience ».

Pourquoi cette primauté de l'interprétation ? On peut, avec Wilfrid Sellars, « définir une personne comme un être ayant des intentions » [3]. Une intention n'est ni un projet (qui peut être connu par des éléments objectifs : plans, descriptifs, programmes, etc.), ni une volonté (qui se proclame et s'affirme dans l'action). Une intention est, pour ainsi dire par définition, floue, imprécise, opaque à elle-même autant qu'aux autres, précisément parce qu'elle n'est pas encore une volonté

1. Lionel Naccache, *De quoi prenons-nous conscience*, *op. cit.*, p. 11.
2. *Ibid.*, p. 16.
3. Wilfrid Sellars, « La philosophie et l'image scientifique de l'homme », dans D. Fisette et P. Poirier (dir.), *Philosophie de l'esprit*, *op. cit.*, p. 115.

et encore moins un projet. Alors que les choses du monde appellent une connaissance claire pour qu'on puisse les maîtriser – donc une approche conceptuelle – la subjectivité appelle, non une explication mais une explicitation. Il revient à la réflexivité philosophique de la rechercher. Ce faisant, elle se met en quête de l'identité même du soi.

L'Importance de l'analogie

On ne saurait dissocier la démarche interprétative de l'exercice de l'analogie. Car interpréter, c'est reconnaître des parentés là où il n'y avait que des différences ou des similitudes. Pour reprendre l'exemple précédent, je ne puis interpréter la phrase qui m'est adressée – « Une petite promenade ? » – que si je la relie à d'autres, non dans l'identité d'une classe ou d'un concept (par exemple celui d'ordre, ou de prière, ou de reproche), mais dans l'évocation d'autres situations « analogues » où je suis confronté à l'inertie d'un proche qui suscitait en moi à la fois de l'irritation et l'envie de le secouer. Ce merveilleux beau temps me donne à la fois un sentiment de culpabilité (« comment peut-on rester enfermé avec ce soleil ? ») et le désir physique de me « dégourdir les jambes » ou de « prendre l'air », désir que j'attribue spontanément aux autres comme je l'éprouve moi-même.

Mais cette phrase peut aussi renvoyer à des situations sans rapport direct avec une promenade : un spectacle constituant une occasion unique « à ne pas manquer », une rencontre que je veux absolument faire partager à celui que j'aime, un tableau dont je ne puis garder pour moi seul l'enthousiasme qu'il m'inspire, etc.

Interpréter la phrase, avec sa tonalité à la fois interrogative, impérative, incitative (et bien d'autres nuances encore...), ce n'est donc pas la rapporter à un concept mais à *d'autres situations* analogues qui l'éclairent et l'explicitent – bref, la font comprendre. Au contraire du concept qui se développe « verticalement » – du concret vers l'abstrait, de la chose à l'idée, de l'exemple à la notion générale – l'analogie interprétative se développe « horizontalement » d'une situation à d'autres qui ont avec elle quelque affinité.

C'est ce qui permet à Douglas Hofstadter et Emmanuel Sander de faire de l'analogie « le cœur de la pensée ». « Sans concepts il n'y a pas de pensée, et sans analogies il n'y a pas de concepts [1] ». Nous vivons « une multitude foisonnante de situations mal définies et se chevauchant sans cadre précis ». Dans cette perspective,

> Que veut dire interpréter ? C'est le déclenchement automatique, l'évocation involontaire de certaines catégories familières qui, une fois réveillées de leur état somnolant, nous aident à nous orienter vis-à-vis de ce chaos [2].

Les concepts ne sont que le résidu cristallisé de cette activité interprétative permanente. Pour ne prendre qu'un exemple très simple, on peut définir le concept de « mère », que l'enfant forme progressivement, comme un ensemble de propriétés déterminées (par exemple la filiation biologique, la fonction nourricière, la fonction protectrice, etc.). Mais, lorsque ce concept passe du propre au métaphorique, comme dans des expressions telles que « la mère Patrie », « une cellule mère », « notre mère la Terre », « la Grèce est la mère de la démocratie », « l'oisiveté est la mère de tous les vices », etc., l'essentiel n'est plus de subsumer un cas particulier sous un genre, mais de repérer des analogies : l'oisiveté est au vice ce que la maman est à son enfant, ou la Grèce aux démocraties. Ce faisant, il acquiert une richesse qui brise tous les cadres où l'on tenterait de l'enfermer. Il passe

1. Douglas Hofstadter et Emmanuel Sander, *L'analogie, cœur de la pensée*, Paris, Odile Jacob, 2013, p. 9.
2. *Ibid.*, p. 45.

du statut de concept à celui de *principe interprétatif* relançant indéfiniment la réflexion : qui pourrait prétendre réduire tous les sens présents dans ces emplois de « mère » à une définition, ou même à un catalogue de propriétés ? Comme le disent encore Hofstadter et Sander, « le flou cognitif n'est pas lié à un quelconque manque d'expertise, mais fait partie de l'essence même de la catégorisation ». Car l'analogie interprétative joue dans les deux sens : la relation maternelle permet de mieux comprendre le rapport de l'oisiveté au vice (dans le proverbe) ou de la Grèce aux démocraties, mais inversement ces deux rapports enrichissent notre compréhension de la relation maternelle.

Interprétation et évaluation

Tout acte interprétatif est également un jugement de valeur. On ne saurait interpréter sans évaluer ou apprécier. Comment comprendre cette corrélation ?

Pour tenter de répondre, on peut se référer à Kant, et notamment au passage célèbre où il distingue ce qui a un prix et ce qui a de la valeur. Ce qui caractérise les choses qui ont un prix c'est qu'elles sont substituables. Je peux dire qu'un kilo de pain « vaut » deux kilos de carottes parce qu'ils ont le même prix. C'est également qu'elles se prêtent à la mesure, donc à la comparaison : je peux dire que telle chose « vaut » deux fois, ou trois fois plus que telle autre.

On est là dans un domaine de réalités qui s'offrent à la conceptualisation : je peux analyser un prix, déterminer ses composantes (prix des matières premières, valeur ajoutée, prix du travail, bénéfice), mesurer ses fluctuations. Elles s'offrent aussi à la problématisation : je peux me demander si un prix est « juste » ou non, de quels facteurs il dépend, etc. Elles s'offrent enfin à l'argumentation : je peux donner des raisons pour justifier un prix ou au contraire montrer qu'il est abusif.

Il en va tout autrement de la valeur. Toujours d'après Kant, ce qui a de la valeur ne saurait être comparé. Quand je dis que Pierre, en tant que sujet raisonnable et moral, a de la valeur (comme fin inconditionnée), je ne saurais dire que sa valeur est double de celle de Paul ou de Jacques. Chaque être doté de valeur est incommensurable aux autres ; on ne saurait les subsumer sous un concept commun. Certes, on peut penser tous les sujets humains sous le concept d'êtres « raisonnables », « moraux », « libres », etc. Mais cette conceptualisation ne dit rien de la valeur propre à chacun, qui oblige à le traiter comme une fin et non pas seulement comme un moyen.

C'est particulièrement évident dans les pages où Kant parle du respect. Le respect est lié à la reconnaissance d'une valeur intrinsèque : devant un homme qui inspire le respect, « mon esprit s'incline », au double sens de saluer et d'être rabaissé. Mais ce qui fonde le respect ne saurait être conceptualisé. Assurément, on peut dire que je respecte quelqu'un à cause de sa droiture ou de sa bonté. Mais ce ne sont là que des mots : chaque personne a une manière à elle d'être droite, juste ou généreuse. La respecter, c'est reconnaître cette façon unique qu'elle a de mettre en œuvre la loi morale. Je ne respecte pas Gandhi comme Martin Luther King ou Nelson Mandela ; je ne les subsume pas sous un concept commun, sauf de manière très superficielle.

Pour autant, la réflexion sur la valeur de ces personnes échapperait-elle à la philosophie et relèverait-elle de la connaissance singulière de chacun ? Certainement pas. La droiture ou la générosité *sui generis* dont fait preuve telle personne n'est pas une simple particularité psychologique de son tempérament. A travers elle, j'appréhende la mise en œuvre de valeurs qui sont universelles. Toutefois je l'appréhende, non comme un cas particulier au sein d'un genre, mais sur un mode analogique : la droiture de Martin Luther King *évoque* celle de Gandhi ou de Mandela. Elle transpose dans un nouveau contexte une exigence morale qui du coup, à chaque fois, prend un nouveau sens, comme la relation maternelle en passant du propre au métaphorique.

Cette réflexion ne relève donc pas d'un accès à l'universel par *induction* (à partir de cas concrets, dégager ce qu'ils ont de commun et distinguer ces propriétés communes des caractéristiques accidentelles ou anecdotiques). Elle est plutôt de l'ordre de la *lecture* : à travers les actes, les conduites, les gestes, les paroles d'autrui je « lis » la loi morale qu'il met en œuvre comme je lis une histoire en déchiffrant les mots du texte qui la portent.

C'est ce que dit Kant : le respect c'est « la loi rendue visible par un exemple ». Le mot « exemple » ici n'a pas la signification qu'il a dans le discours scientifique (cas particulier illustrant une loi générale). Il a plutôt le sens d'un « modèle » (quand on dit de quelqu'un qu'il est « exemplaire », c'est-à-dire qu'il attire l'attention et inspire un désir d'agir comme lui).

Dès lors, la façon de l'analyser va différer de celle qui caractérise la démarche scientifique ou la connaissance empirique. Si chacun a une valeur incomparable et incommensurable à tout autre, il ne saurait être question de procéder par abstraction, sélection de propriétés communes pertinentes par rapport à d'autres qui ne le seraient pas. On ne peut que tenter de la rapporter à des domaines différents par le biais de l'analogie. Je pourrai dire, par exemple, que sa fermeté est « comme celle d'un roc » ; que sa douceur est « comme celle d'un agneau », que sa générosité ressemble à celle d'une mère envers son enfant, etc. Je procéderai non par inductions mais par métaphores. Je ne chercherai plus à abstraire mais à interpréter. Le *Cantique des Cantiques* est un magnifique exemple de cette approche analogique appliquée à l'amour.

Ce n'est pas l'unique manière d'apprécier la valeur d'une personne ou d'une conduite au plan moral. Il faut en effet distinguer deux aspects de la morale. Sous le premier aspect, on est dans une approche dichotomique : un acte est moral ou immoral, conforme ou contraire à la loi de l'impératif catégorique. Il s'agit bien ici d'une démarche conceptuelle : apprécier c'est démontrer la conformité d'une conduite aux prescriptions du devoir. C'est ce que fait Kant quand il prétend prouver que le mensonge est immoral.

Mais à côté de cette démarche il y en a une autre. Dans la *Doctrine de la vertu*, chaque chapitre, après l'exposé des devoirs relatifs à soi et aux autres, se termine par des « Questions casuistiques ». La démarche est toujours la même : Kant y montre que les choses ne sont jamais aussi claires qu'on le voudrait, et qu'il y a des situations ambiguës. Par exemple, il faut être bienfaisant : c'est une vertu. Mais si l'exercice de cette vertu me conduit à me dépouiller de tout et me fait dépendre de la charité des autres, je viole un autre devoir, celui que j'ai envers moi-même. Entre ces deux extrêmes *il faut juger, apprécier* la bonne conduite à tenir – mais il n'y a pas de concept pour cela. On ne peut que se référer à des personnes « respectables » et tenter d'interpréter les signes qu'ils nous donnent d'une conduite véritablement exemplaire (*cf.* par exemple les références à Curtius et à Sénèque pour la discussion sur le suicide). On voit bien ici que la nécessité de l'interprétation est directement liée à celle d'une appréciation. Celle-ci est philosophique, mais elle n'est pas réductible à la mise en œuvre d'un critère susceptible d'une définition ou d'une détermination exacte et rigoureuse.

On retrouve cette dualité d'aspects chez Rawls. Dans sa *Théorie de la justice*, le premier principe de la justice est clairement conceptualisant : il énumère un ensemble de « droits fondamentaux » qui définissent la justice *stricto sensu*. Mais pour le second principe de la justice (le principe d'équité) « la valeur du principe n'est pas mesurée par l'aide que nous recevons réellement, mais plutôt par le sens de la confiance dans les bonnes intentions des autres et l'assurance qu'ils sont là si nous en avons besoin » [1]. Or, comment apprécier la « confiance » et « les bonnes intentions » sans déchiffrer et interpréter les comportements, les expressions et les discours des autres ?

C'est une chose de réfléchir sur la beauté et de la définir par rapport au laid, l'utile, l'agréable, etc. C'en est une autre de juger une œuvre et de l'apprécier comme plus ou moins belle ; ou une intention et de l'estimer plus ou moins juste : on est là dans un déchiffrement des sens qu'elles portent, susceptibles d'interprétations diverses et contradictoires. C'est l'exercice d'un jugement réfléchissant, dont Kant nous dit qu'il n'est pas moins universalisant que le jugement déterminant, mais sans passer par la conceptualisation ou l'argumentation (*cf.* le beau est « ce qui plaît universellement sans concept »). Dans le jugement de goût, chacun « exige l'adhésion des autres ; il les blâme s'ils en jugent autrement ; il leur refuse d'avoir du goût et demande pourtant qu'ils en aient » [2].

Le jugement réfléchissant se caractérise à la fois par son absence de critère clair (« sans concept ») et par sa normativité radicale, qui conduit à un rapport ambivalent à autrui. D'un côté j'estime « qu'il n'a pas de goût » en trouvant laide cette œuvre que je trouve belle ; mais d'un autre côté je postule qu'il doit la trouver belle, et donc qu'il a déjà en lui ce goût qu'il ne manifeste pas. D'où l'exigence d'une attitude pédagogique à son égard : je *dois* lui faire découvrir ce qu'il a déjà sans le savoir ; je *dois* lui apprendre à être soi mieux qu'il ne l'est lui-même. Contrairement au jugement déterminant, le jugement réfléchissant ne saurait rester cantonné dans la seule sphère de la connaissance et de la vérité. Il induit un rapport intersubjectif, une visée pratique et éthique en direction des autres.

C'est pourquoi la capacité interprétative est en définitive *la seule compétence proprement philosophique* (nécessaire dans les

1. John Rawls, *Théorie de la justice*, Paris, Points-Seuil, 1997, p. 380.
2. Kant, *Critique de la faculté de juger*, § 7.

domaines qui constituent le domaine propre de la philosophie, celui des valeurs : le bien, le beau, le juste, etc.), alors que les autres compétences – conceptualiser, argumenter, problématiser – sont communes à la philosophie et aux sciences. Il est essentiel que, dès le plus jeune âge, les enfants apprennent à interpréter et apprécier des réalités – conduites, textes, œuvres d'art, situations – qui se prêtent aux « jugements interprétatifs » et non pas seulement aux jugements conceptualisants.

CHAPITRE III

POURQUOI INTERPRÉTER ?

Quelqu'un est là, devant moi, qui me parle. Que puis-je en dire ? D'abord qu'il est « là » alors que je suis « ici » ; cette différence de position, qui est aussi une différence de point de vue (il voit le monde sous un autre angle que moi) est ce qui le définit en tant qu'autre. Comme le dit Husserl, « chacun à son poste, d'où il voit les choses présentes, et en fonction duquel chacun reçoit des choses des apparences différentes » [1]. Mais cette différence est aussi ce qui le fait apparaître comme *alter ego* : car cette place qui est présentement la sienne et non la mienne, je puis m'y rendre – en pensée, sinon en acte. Autrui ne se donne à moi comme autre point de vue que parce que ce point de vue qui est le sien pourrait également être le mien : c'est-à-dire en tant qu'il est *ma possibilité*. Toute la phénoménologie husserlienne repose sur ce double statut d'autrui : il est à la fois ce que je ne suis pas et ce que je pourrais être. Dans le cas précis de cet autre qui est en face de moi, quelques pas suffisent, ou suffiraient, pour que je me mette à sa place, et lui à la mienne ; pour que nous échangions nos points de vue, comme les compagnons de John Malkovitch dans le film du même nom. Cette réciprocité définit le statut de mon être et du sien dans la communauté que constitue l'intersubjectivité.

1. Husserl, *Ideen 1*, § 29.

Mais voici qu'il parle. Il me dit qu'il souffre, ou qu'il est heureux ; bref il me fait part de ses expériences, ses émotions, ses sentiments, voire simplement ses perceptions, qui ne sont pas les miennes. Cette fois l'irréductibilité de son altérité semble bien fondée : ce qu'il vit n'est pas ce que je vis. Il souffre alors que j'ai du plaisir, il a peur alors que je suis tranquille, il travaille alors que je me repose, il a eu une enfance difficile alors que la mienne a été heureuse, etc. Pour citer encore Husserl : « Le champ actuel de la perception et du souvenir différencie chaque sujet, sans compter que même ce qui est connu en commun, à titre intersubjectif, accède à la conscience de façon différente, sous des modes différents d'appréhension ».

Et pourtant, comment autrui peut-il me faire part de ce qu'il vit, comment peut-il m'en parler sans que par là même son vécu soit pour moi une possibilité ? La parole d'autrui (non seulement son contenu signifiant, mais le fait même qu'il s'adresse à moi) implique une communauté de compréhension, une identification originaire ou une précompréhension de ce qui s'annonce (et m'est annoncé) comme autre. Je suis gai et il est triste, mais je sais bien que la tristesse est un sentiment que je pourrais éprouver, quelque chose qui me guette toujours. Et point n'est besoin de recourir à une tristesse passée pour comprendre celle de mon interlocuteur : il suffit qu'elle soit, comme tout vécu ou toute expérience, une possibilité qui, si improbable soit-elle, ne peut jamais être écartée. Ainsi autrui et moi nous chevauchons-nous ici encore : lui et moi constituons un écheveau de possibilités entre lesquelles les distinctions qui nous définissent et nous séparent sont toujours précaires et révocables.

Mais voici qu'il parle derechef et me dit, par exemple, que les étrangers devraient être expulsés, ou qu'il faudrait tuer les criminels. Cette fois, il m'est impossible d'appréhender ces énoncés comme pouvant être les miens. Contrairement à ce qui se passait pour les places ou les vécus d'autrui, je ne puis plus les éprouver comme mes possibilités.

Encore faut-il bien s'entendre. Il est évident que ces énoncés, je les *comprends*, j'en appréhende la signification, je peux les répéter, les paraphraser, les commenter et même les justifier. Mais la compréhension dont il est ici question ne saurait avoir le même sens et le même statut que précédemment. Elle porte sur le contenu qui est le leur, non sur leur validité.

Dans les cas précédents je pouvais comprendre et admettre qu'autrui soit là tandis que je suis ici, triste tandis que je suis gai, soucieux tandis que je suis tranquille, etc. parce que ses vécus se donnaient comme valables pour sa place, sa situation, sa réalité singulière – en même temps que comme vécus possibles pour moi. Ils se donnaient comme coexistant avec les miens dans une double relation d'immanence (ce sont aussi mes virtualités, je les recèle en moi comme ce qui pourrait m'advenir) et d'imminence (cette venue peut surgir à tout instant, y compris l'instant prochain, qui peut faire brutalement disparaître ma tranquillité, m'accabler de soucis et de souffrances).

Dans le cas présent en revanche rien de tel. L'avis d'autrui, pour autant qu'il suscite en moi un désaccord fondamental, se donne comme ce que je ne pourrais en aucun cas et d'aucune façon partager. Je puis bien le reprendre comme un énoncé parmi d'autres, une possibilité langagière, mais non lui attribuer l'évidence qu'il lui attribue. Je le considère comme « inadmissible », « intolérable ». Je suis « indigné ».

« Inadmissible » doit ici être entendu dans son sens le plus plein et le plus simple, c'est-à-dire comme ce qui ne saurait tout bonnement être admis ; donc ce qui se donne comme radicalement *impossible*.

Dans le langage courant, « impossible » signifie : ce qui ne peut exister. Un cercle carré ne peut pas exister, parce que sa définition recèle une contradiction. Une plante en pierre pas davantage, parce qu'il est de la nature du vivant d'être composé de substances non minérales. Une licorne en revanche n'existe pas, mais elle n'est pas pour autant impossible, car on peut concevoir ou imaginer sans contradiction une planète où de tels êtres existeraient.

Dans le cas qui nous occupe, il est évident que l'inadmissibilité de l'énoncé d'autrui n'est pas une impossibilité en ce sens. Il n'y a pas de contradiction intrinsèque à affirmer que les étrangers doivent être expulsés, ou les criminels exterminés. En tant qu'énoncés, ces affirmations sont aussi valides que toute autre également cohérente, ni plus, ni moins.

Mais ce n'est pas sur ce terrain-là que je me place. Je puis fort bien comprendre et admettre qu'autrui *tient* de tels propos ; je suis même contraint de le faire, puisqu'il est là en face de moi à les tenir, et que c'est un fait irrécusable. Il y a, en France comme ailleurs, des racistes, des partisans de la peine de mort comme il y a aussi des antisémites, des fascistes, des croyants et des incroyants, des fanatiques, des fous, etc. Ce que je ne puis comprendre et admettre, c'est qu'il les *tienne*. Toute la nuance, infime mais capitale, réside dans ce passage de l'indicatif au subjonctif. Que signifie-t-elle ?

La tentation serait ici de la penser comme simple différence, c'est-à-dire représentation, type ou mode particulier de vécu. L'opinion d'autrui serait à considérer selon le même statut que l'ensemble de ses autres vécus, tels que la tristesse, ses expériences présentes et passées, ses perceptions, etc. « Il est raciste, je ne le suis pas » constituerait une opposition (au sens saussurien) du même type que « je suis grand, il est petit », « je suis gai, il est triste » ou « je suis ici, il est là ».

Cette opposition implique la coexistence, dans un champ ou un réseau de possibilités, des éléments qu'elle articule. Or, c'est précisément cette coexistence qui se trouve radicalement répudiée dans l'inadmissibilité sous laquelle je la perçois : qu'on puisse vouloir expulser les étrangers ou appliquer la peine de mort, je *l'exclus* absolument. Je n'exclus pas le fait qu'il y a des gens pour le penser, c'est-à-dire que cette opinion existe, en tant qu'opinion parmi d'autres. Mais j'exclus sa légitimité. Le procès qui est ici en jeu n'est pas une question de fait, comme le problème de savoir s'il y a ou non des extraterrestres, s'il pleuvra demain ou encore s'il y a trois ou quatre forces constitutives de la matière. C'est fondamentalement une question juridique, renvoyant à ce qu'on pourrait appeler le caractère originairement normatif de l'existence.

Il est certes toujours loisible de réduire cette normativité primordiale à la facticité de la représentation. Je peux « comprendre » l'opinion d'autrui en la référant à ses origines, son éducation, son milieu social, son tempérament. Je dirai que, compte-tenu des expériences qui sont les siennes (« petit blanc », chômeur, habitant un quartier sensible, ayant un niveau scolaire faible, etc.), il est quasiment inévitable qu'il soit raciste et partisan de la peine de mort. Mais par là même j'altère la modalité intentionnelle qui le vise. Celle-ci ne nie pas les facteurs empiriques qui peuvent expliquer l'avis d'autrui ; elle se situe en-deçà d'eux, pour postuler l'illégitimité, l'irrationalité et l'impossibilité fondamentales des thèses, des idées, des convictions qui se présentent à moi. Elle détermine l'existence comme normativité originaire excluant toute coexistence avec ce qui déroge à ses exigences.

Cette illégitimité radicale motive, suscite, exige une projection intentionnelle de moi-même vers celui ou ceux qui tiennent de tels propos. Comme on dit couramment, « je ne puis rester insensible » à ces discours. Ils appellent non seulement une réponse (comme lorsqu'on me pose une question), mais, plus encore, une élucidation, une éducation, une démarche *pédagogique* par laquelle je m'éprouve tenu de convaincre autrui de l'absurdité de ses conceptions.

L'interprétation s'inscrit dans cette perspective. En toute rigueur, on ne saurait interpréter que ce qu'on ne comprend pas, ce qui est inconcevable au sens le plus fort, c'est-à-dire normatif, du terme. Interpréter, dans ce sens radical, c'est rendre intelligible (ce qui ne veut pas dire acceptable) ce qui se présente initialement comme une absurdité ou insanité. Pour reprendre l'exemple précédent, interpréter le phénomène du racisme, c'est, derrière sa pure inadmissibilité morale, déceler ou décrypter des significations (la peur, la rancœur, le phénomène du bouc émissaire tel qu'analysé par René Girard, etc.). Ces interprétations ne le justifient en aucune façon. Elles esquissent les voies et moyens d'une remédiation qui libérera la personne de son racisme. C'est ce que font les enfants lorsqu'ils en parlent : ils l'interprètent comme une démarche de vengeance différée ou déplacée (« Peut-être qu'ils sont racistes parce qu'on leur a fait du mal ») ou comme une démarche de généralisation (« On commence par détester quelqu'un puis on déteste tous ceux qui lui ressemblent ») ou encore comme l'expression d'une peur (« ils croient qu'on va les voler »).

Bien entendu, l'activité interprétative ne porte pas toujours – heureusement ! – sur des phénomènes aussi extrêmes. Mais même lorsqu'elle s'applique à des phénomènes positifs, comme l'œuvre d'un peintre ou d'un écrivain, il y a toujours à son origine quelque chose comme une irrationalité à résorber, une impossibilité à élucider. « Comment peut-il… ? (faire ce qu'il fait, dire ce qu'il dit, penser ce qu'il pense) » est une exclamation qui est au fondement de toute démarche interprétative ; elle peut avoir une tonalité négative (indignation) aussi bien que positive (admiration). Elle interdit de réduire la démarche interprétative à une dimension purement spéculative de clarification, élucidation, déchiffrement d'un message qui serait obscur ou peu compréhensible. En tant que pédagogique, toute interprétation a une visée éthique. Elle ne cherche pas seulement à mieux comprendre l'autre; elle cherche à le convertir. Lorsqu'un enfant affirme : « Moi je dis que le bonheur c'est un sentiment et le plaisir c'est une sensation » [1], il ne donne pas simplement *sa* conception du bonheur, qui coexisterait possiblement avec d'autres tout aussi légitimes. Il la proclame comme une exigence valable pour tous – c'est-à-dire universalisante – et il se projette vers les conceptions divergentes comme autant d'énigmes à élucider, de scandales à résorber. Sa définition ne s'affirme pas comme une-parmi-d'autres ; elle *l'oblige* à s'intéresser aux autres pour s'interroger sur les raisons qui les empêchent de se rallier à la sienne. Donc, à *interpréter* leurs propos, leurs attitudes, leurs pratiques à partir et en fonction de sa propre normativité exprimée. Il s'engage avec eux dans une relation qui n'est plus simplement de respect, de reconnaissance ou de compréhension, mais de pédagogie vécue comme une exigence éthique.

A partir de la normativité originaire peuvent se comprendre les principaux aspects de l'existence. Tout d'abord, la pensée. Penser, c'est viser et prétendre à des évidences valables pour tous – universelles, donc exigeant l'assentiment de chacun : il n'y a pas de pensée qui ne soit normative en quelque façon, ce qui implique un projet pédagogique. Mais aussi le respect, la dignité : pourquoi veut-on être respecté, si ce n'est parce que l'on éprouve l'être qu'on est, non comme une simple réalité de fait à la manière d'un caillou ou d'une chaise, mais comme un faisceau d'exigences dont on s'appréhende porteur, voire missionnaire ? Ces exigences peuvent n'être pas immédiatement claires et appeler une élucidation (donc une réflexion herméneutique appliquée à soi-même). Elles n'en impliquent pas moins, ici encore, une « intentionnalité pédagogique » qui me fait revendiquer, au nom de cette dignité intrinsèque, l'égalité et le respect.

1. Phrase citée par Frédéric Lenoir, *Philosopher et méditer avec les enfants*, Paris, Albin Michel, 2016, p. 82.

La volonté d'égalité, qui fonde l'*ethos* démocratique, s'enracine donc, elle aussi, dans la normativité originaire de la subjectivité.

Mais des phénomènes comme l'amour ou la recherche du bonheur y renvoient aussi. Pourquoi veut-on être aimé sinon parce que l'on éprouve confusément qu'en soi ou à travers soi se discerne une légitimité à laquelle il faut faire droit ? Pourquoi cherché-je à être heureux, sinon parce que j'estime au fond de moi *mériter* le bonheur ? Il est d'abord une justice à rendre et non un bien-être qu'on rechercherait comme le plaisir d'un bon plat ou d'une agréable promenade.

Et d'ailleurs, ceux-ci sont également normatifs. Contrairement à ce qu'affirme Kant, lorsque j'éprouve la saveur délicieuse d'une pomme, je ne la vis pas simplement comme une sensation qui m'affecterait singulièrement et de manière contingente. Si je la juge délicieuse, j'estime spontanément que tout le monde devrait la considérer comme telle, et je ne comprends pas qu'on puisse en juger autrement, même si je m'accommode de ces différences empiriques de goûts et de saveurs (« dont on ne discute pas », dit le proverbe) parce que cela ne vaut pas la peine d'en débattre, sauf dans le cadre d'une conversation amicale.

L'existence est de part en part normative ; cette normativité originaire est le principe des relations intersubjectives, même si les contraintes de la vie en commun conduisent à des concessions et à des accommodements empiriques.

Dès lors philosopher, c'est découvrir cette dimension normative de l'existence, en prendre la mesure, lui restituer son ampleur, en explorer les dimensions – y compris la dimension pratique de l'éthique pédagogique qui fonde toutes les éthiques, qu'elles se disent démocratiques, délibératives, déontologiques ou utilitaristes.

Chapitre IV

POUR UNE APPROCHE CULTURELLE DU PHILOSOPHER

L'importance de la compétence interprétative tient au fait qu'on ne philosophe jamais dans le vide, à partir de rien. C'est là une illusion qu'entretiennent beaucoup de philosophes, en particulier les professeurs : philosopher consisterait à s'étonner, à retrouver une sorte d'innocence enfantine pure de tout *a priori*. Descartes est l'initiateur de cette illusion : certes, il faut, pour accéder à cet état d'innocence idéale, se débarrasser des préjugés, s'affranchir, par un travail d'ascèse purificatrice, des représentations préalables qui polluent la réflexion – mais on pourrait y parvenir assez rapidement, et à partir de là, tout reconstruire à partir de zéro, c'est-à-dire d'un état d'« ignorance volontaire » qui marquerait le commencement de la philosophie en tant que telle.

Il n'est pas certain que les discours actuels sur la philosophie pour enfants soient entièrement dénués de cette mythologie. Tout au contraire, on décèle dans bien des propos sur la merveilleuse innocence des « enfants philosophes », l'idée qu'ils seraient en quelque sorte spontanément, de par leur nature enfantine, dans cet état idyllique d'absence de préjugé et d'étonnement que l'adulte aurait perdu.

Contre ce mythe, il faut reconnaître que toute pensée part de présupposés culturellement acquis, de valeurs héritées à partir desquelles elle se développe. Toutes les grandes philosophies, depuis Hegel tout au moins, pratiquent cette approche culturelle. Hegel, on l'a vu, décrypte des épisodes historiques significatifs comme la Réforme, la Terreur ou l'état napoléonien. Il étudie Homère, Sophocle, la statuaire grecque, la peinture de Vinci et Corrège, la poésie de Novalis pour préciser les concepts qu'il développe. Pareillement, que serait la philosophie de Nietzsche sans ses réflexions sur l'origine de la tragédie grecque, les opéras de Wagner? Husserl s'interrogeant sur « la crise de l'humanité européenne », questionne la civilisation grecque pour tenter une réponse. Heidegger trouve dans la poésie de Hölderlin et la peinture de Van Gogh des inspirations pour sa pensée de l'être. L'éthique de Levinas se nourrit de multiples références à la culture juive. Michel Foucault développe sa réflexion philosophique à partir d'une histoire de la folie, des pratiques médicales ou répressives, des formes de la sexualité. Le point de départ des *Mots et les Choses* est une minutieuse analyse des *Ménines* de Velasquez, qu'il interprète comme une figuration des rapports entre la représentation et le réel dans la culture moderne. Deleuze s'intéresse à la peinture (Bacon, Klee, Pollock), à la poésie (Mallarmé, Valéry, Michaux), au cinéma (*Cinéma 1 et 2*), au roman (*Proust et les signes*). Sartre n'a cessé d'écrire sur la littérature (*Jean Genet* et *Flaubert*) et Jankélévitch sur la musique.

Pourquoi ce lien si intime entre la philosophie et la culture? Celle-ci n'est pas seulement un obstacle ou une source de préjugés à dépasser. Elle est porteuse de sens qui orientent la réflexion et requièrent une élucidation. La culture n'est pas qu'un ensemble de représentations. Elle est aussi une source de questions qui appellent des réponses. Philosopher, c'est d'abord répondre aux sollicitations qui viennent d'ailleurs.

Cela n'est pas sans conséquences sur la didactique du philosopher. Actuellement, elle privilégie deux démarches. D'une part, le débat à partir d'un sujet. D'autre part, la discussion à partir d'ouvrages de littérature de jeunesse ou des mythes. Dans l'un et l'autre cas, on fait abstraction de tout contexte culturel pour philosopher en quelque sorte dans le vide, « à mains nues ». C'est évident dans le cas du sujet pur, réduit à un mot ou à une question courte. Mais c'est aussi le cas pour les albums : contrairement à la littérature « classique », la littérature de jeunesse se déploie dans un champ pour ainsi dire décontextualisé. *Yakouba*, pour ne prendre que cet exemple, propose une récit qui se veut, sous son allure de conte africain, intemporel (distinction-opposition du courage physique et du courage moral). Les auteurs de littérature enfantine ne prétendent pas refléter une époque ou un milieu, mais exprimer, sous forme fictionnelle, un problème, une émotion, un sentiment qui s'affirme d'emblée universel (la peur de grandir, l'angoisse de la mort, la violence, l'amitié, etc.). Pareillement la référence à un mythe comme celui de Gygès ou l'allégorie de la caverne est décontextualisée pour en faire la position d'un problème intemporel (Peut-on transgresser les lois si on est certain de ne pas être puni ? Avons-nous affaire à la réalité ou seulement à des apparences ? etc.)

Il ne s'agit pas de disqualifier ces deux démarches. Mais de proposer, en contrepoint, ce qu'on pourrait appeler une *approche culturelle du philosopher*. C'est-à-dire une démarche qui part délibérément d'œuvres ou de situations historiquement et socialement situées – tableaux, poèmes, textes littéraires, voire tout simplement articles de journaux ou témoignages. On ne cherche plus à les dépasser le plus vite possible vers la question universelle dont ils ne seraient que l'occasion première. On s'attache au contraire à y demeurer ; on les considère comme des objets à interpréter, c'est-à-dire à *lire*, au plein sens de ce mot. Ce qui signifie : en dégager le sens, ou plutôt la pluralité des sens, les ambiguïtés, les valeurs qui les sous-tendent, les croyances qu'ils expriment.

Est-ce s'abandonner au relativisme? Bien au contraire, en contextualisant le travail de réflexion, on prend du recul par rapport à l'œuvre étudiée et on peut ainsi la confronter à d'autres exprimant d'autres valeurs et d'autres perspectives.

Prenons pour illustrer cela le tableau bien connu de Delacroix, *La liberté guidant le peuple.* Il n'est pas évident, pour des enfants ou des adolescents, de représenter la liberté sous la forme d'une femme aux seins nus entraînant des révolutionnaires qui font le coup de feu sur une barricade! Il faudra donc tout un travail « herméneutique » pour comprendre, non seulement le contexte historique (la révolution de 1830), mais aussi le champ idéologique dans lequel elle s'inscrit (la liberté conçue essentiellement sous une forme politique, comme affrontement à un pouvoir central qu'il s'agit de conquérir).

Ce travail interprétatif permettra de la comparer à d'autres représentations de la liberté, comme par exemple une photo de Martin Luther King ou de Gandhi, *La Danse* de Matisse ou *Guernica* de Picasso. On se demandera s'il s'agit du même sens de la liberté, et par ces comparaisons on parviendra à ouvrir un « champ philosophique » où le concept de liberté se construira par la multiplicité même de ces sens déchiffrés, encore une fois, à partir d'œuvres et non de manière abstraite ou désincarnée.

Au lieu de se placer d'emblée dans un cadre universalisant (en se demandant ce qu'est la justice, le bonheur, la liberté, etc.), on vise l'universalité comme perspective idéale d'interprétations s'enrichissant progressivement de leur pluralité.

L'avantage d'une telle démarche, c'est d'abord qu'elle fait de la philosophie une activité « expérimentale ». Elle part d'objets concrets à étudier, selon une démarche plus accessible et attrayante que celle qui procède d'une manière purement verbale et discursive, sans médiation d'objets.

C'est ensuite qu'elle permet aux apprentis philosophes de répondre à la question : pourquoi je pense ça? Pourquoi j'ai ces valeurs (plutôt que d'autres)? La réflexion « à vide » de la DVDP permet une prise de conscience, mais ne fournit pas les racines culturelles des valeurs qui commandent les jugements. Pour remonter jusqu'à celles-ci, il faut sortir du huis-clos de la discussion; il faut rechercher des objets – œuvres littéraires ou picturales, témoignages, documents – qui permettent de faire leur généalogie, pour reprendre le mot de Nietzsche. Sans ce travail généalogique, le philosopher demeure inabouti.

Elle permet enfin de relier la philosophie à d'autres disciplines (l'histoire, les arts plastiques, la littérature, etc.) alors que les démarches citées plus haut font du philosopher une discipline spécifique, fermée sur elle-même.

CHAPITRE V

LES COMPÉTENCES CONSTITUTIVES DE L'INTERPRÉTATION

Malgré le « flou cognitif » qui la caractérise, peut-on déceler dans l'exercice de la démarche interprétative des compétences susceptibles d'être travaillées systématiquement dans les ateliers philosophiques ? On en distinguera au moins cinq.

REPÉRER LES TRAITS SIGNIFIANTS

Il s'agit ici, non d'analyser les propriétés de la réalité étudiée, mais les aspects qui *font sens*, c'est-à-dire s'organisent spontanément en une « totalité intentionnelle » immédiatement comprise comme telle.

On peut, pour illustrer cela, se référer à la « danse du garçon de café » telle que Sartre la décrit dans *L'Être et le Néant.*

> Considérons ce garçon de café. Il a le geste vif et appuyé, un peu trop précis, un peu trop rapide, il vient vers les consommateurs d'un pas un peu trop vif, il s'incline avec un peu trop d'empressement, sa voix, ses yeux expriment un intérêt un peu trop plein de sollicitude pour la commande du client, enfin le voilà qui revient en essayant d'imiter dans sa démarche la rigueur inflexible d'on ne sait quel automate tout en portant son plateau avec une sorte de témérité de funambule (...). Toute sa conduite nous semble un jeu. Il s'applique à enchaîner ses mouvements comme s'ils étaient des mécanismes se commandant les uns les

> autres, sa mimique et sa voix même semblent des mécanismes; il se donne la prestesse et la rapidité impitoyable des choses. Il joue, il s'amuse [1].

Ce qui frappe dans ce texte, c'est la répétition systématique de « un peu trop ». On voit bien ici que Sartre en fait une catégorie (ce qui ne veut pas dire un concept). Elle se définit non par des propriétés (comme si je disais que le garçon de café est hypocrite, aliéné, exploité, vaniteux, etc.), mais par une certaine visée, une intention qui anime tous ses gestes, ses attitudes, ses comportements. Ce qu'il veut, c'est donner l'impression qu'il est un automate, un mécanisme – tout en indiquant qu'il n'en est pas un, puisqu'il joue, et que jouer, c'est simuler, savoir qu'on n'est pas dans la vie « sérieuse », que ce n'est pas « pour de vrai ».

Sartre ici ne définit pas, ne conceptualise pas : il interprète la démarche du garçon de café, il cherche à en dégager l'intention. Et comment le fait-il? Par le recours à la métaphore : celle de l'automate, celle du mécanisme. Le caractère intersubjectif de cette analyse est bien marqué par la phrase : « Toute sa conduite *nous semble* un jeu » (nous soulignons). La « danse » du garçon de café (autre métaphore) n'est pas une propriété objective de son être, car elle n'est faite que pour nous, c'est-à-dire pour des spectateurs.

A noter également l'emploi du « comme si », qui exprime cette approche analogique plutôt que conceptuelle d'un phénomène. Il fournit un critère permettant de dégager ce que l'on va retenir de l'observation du vécu : la manière de marcher, de s'incliner, de servir les consommations, etc.

Dans les ateliers philosophiques, cette compétence peut s'exercer dans une activité comme le photolangage, qui implique le choix et l'analyse d'une image pour exprimer une notion générale (l'autorité, le bonheur, la justice, etc.). Dans les détails multiples et foisonnants de l'image il faut en sélectionner

1. Jean-Paul Sartre, *L'Être et le Néant*, Paris, Tel-Gallimard, 1976, p. 94.

certains, et justifier l'importance qu'on leur accorde. C'est là une façon de s'arracher à la fascination de l'image pour adopter une posture critique et réflexive à son égard.

DÉGAGER ET EXPLICITER LES SENS

Cette compétence prolonge la précédente et en est indissociable. On vient de le voir, la sélection des traits pertinents d'un document ou d'une expérience ne peut se faire qu'à partir d'une visée intentionnelle unificatrice qui leur « donne sens »; mais inversement celle-ci n'apparaît qu'à partir de la mise en évidence de ces traits. C'est ce qu'on appelle le « cercle herméneutique », qui contraste avec le caractère progressif et linéaire de la démarche inductive à visée conceptualisante.

On trouve chez Levinas une bonne illustration de cette démarche d'explicitation du sens, à propos de la caresse.

> La caresse consiste à ne se saisir de rien, à solliciter ce qui s'échappe sans cesse de sa forme vers un avenir – jamais assez avenir – à solliciter ce qui se dérobe comme s'il *n'était pas encore*. Elle cherche, elle fouille. Ce n'est pas une intentionalité de dévoilement, mais de recherche : marche à l'invisible (...). La caresse cherche par-delà le consentement ou la résistance d'une liberté ce qui n'est pas encore, un « moins que rien » enfermé et sommeillant au-delà de l'avenir, et par conséquent sommeillant tout autrement que le possible, lequel s'offre à l'anticipation [1].

Comme chez Sartre, on voit ici la prolifération des métaphores : celle du sommeil, mais aussi de la marche et de l'enfermement. Ce que l'analyse cherche à restituer, ce n'est pas une propriété – toute la thèse de Levinas consiste à dire que la caresse n'en a pas – mais une intention, une visée qui pour une approche objective serait absurde : comment rechercher ce

1. Emmanuel Levinas, *Totalité et Infini*, La Haye, Nijhoff, 1961, p. 235.

qui n'est pas, ni comme réalité, ni comme possibilité ? D'où, ici encore, l'emploi du « comme si ».

On retrouve dans les ateliers philo une démarche semblable. L'emploi du « ça veut dire » signale à coup sûr ou presque ce passage à la réflexion interprétative. Ainsi un enfant, dans une discussion sur l'amitié, déclare : « Si on se bagarre avec un ami, c'est grave. Ça veut dire qu'on est fâché. Ça veut dire qu'on n'est plus ami ». Il établit une incompatibilité entre l'amitié et la bagarre. Cette incompatibilité ne repose pas sur une différence conceptuelle mais une *divergence d'intentions* : on ne peut pas à la fois vouloir être amis et vouloir se bagarrer.

De même, lorsqu'un enfant dit : « On rigole parce qu'on est content d'être ensemble », « parce qu'on partage des trucs », « parce qu'on s'aime bien », l'usage du « parce que » n'est pas causal comme dans les rapports objectifs entre les êtres. Le partage ou le compagnonnage ne sont pas des *causes* de la rigolade. Ce sont plutôt des sens que le rire exprime ; ils appellent, non une explication, mais une explicitation. Nous verrons au chapitre suivant comment entraîner à l'exercice de cette compétence.

DÉCOUVRIR OU INVENTER DES ANALOGIES

Il s'agit ici de dégager des « équivalences signifiantes » permettant de rapprocher des éléments *a priori* étrangers, c'est-à-dire sans rapport logique ou objectif entre eux, et notamment sans rapport d'identité, de similitude, de proximité ou de causalité. C'est ce que fait notamment la production métaphorique.

On trouve chez Nietzsche de nombreuses illustrations de cette capacité. Ainsi dans *Zarathoustra*, les métamorphoses de l'esprit sont pensées à partir des trois métaphores du chameau, du lion et de l'enfant :

> Il est maint fardeau pesant pour l'esprit patient et vigoureux en qui domine le respect : sa vigueur réclame le fardeau pesant, le plus pesant.

> Qu'y a-t-il de plus pesant ? Ainsi interroge l'esprit robuste ; et il s'agenouille comme le chameau et veut un bon chargement.
> (...) Mais au fond du désert le plus solitaire s'accomplit la seconde métamorphose : ici l'esprit devient lion. Il veut conquérir la liberté et être maître de son propre désert.
> (...) Conquérir le droit de créer des valeurs nouvelles – c'est la plus terrible conquête pour un esprit patient et respectueux. En vérité, c'est là un acte féroce pour lui et le fait d'une bête de proie.
> (...) Mais, dites-moi, que peut faire l'enfant que le lion ne pouvait faire ? Pourquoi faut-il que le lion ravisseur devienne enfant ?
> L'enfant est innocence et oubli, un renouveau et un jeu, une roue qui roule sur elle-même, un premier mouvement, une sainte affirmation [1].

Les métaphores ici ne sont pas de simples illustrations ou figures de rhétorique. Elles ont une *fonction heuristique* : à travers les paradigmes du chameau, du lion et de l'enfant, se développe une multitude de sens liés à des intentions subjectives : le chameau « veut un bon chargement » et est dominé par le « respect » ; le lion « veut conquérir la liberté et être maître de son propre désert » ; l'enfant seul ne veut rien, car il est « innocence et oubli ».

Comment l'analogie avec « la roue qui roule sur elle-même » ou « le premier mouvement » peut-elle servir à comprendre et enrichir les notions d'innocence et d'oubli ? Nous ne pouvons développer ce point ; mais on voit bien que la production métaphorique est ici au cœur de la réflexion philosophique et non pas à sa périphérie. Elle n'est pas un ornement, mais un outil de recherche de plein droit[2].

1. Nietzsche, *Ainsi parlait Zarathoustra*, Des trois métamorphoses.

2. *Cf.* sur ce point Frédéric Cossutta, *Eléments pour la lecture de textes philosophiques*, chap. 4, Fonction des métaphores dans les textes philosophiques, Bordas, 1989.

Dans les ateliers philo, cet usage heuristique de l'analogie se retrouve fréquemment. Dans une discussion sur l'imagination, un enfant déclare : « Quand on n'a pas envie de parler ou qu'il y a quelque chose qu'on veut garder pour soi, l'imagination, ça nous aide. *C'est comme si* c'était une voix à qui on pouvait tout dire, à qui on pouvait tout montrer. Sans elle on serait perdu dans nos pensées et on ne saurait plus quoi faire ». L'usage spontané de l'analogie (« c'est comme si ») pointe une expérience relevant de l'intériorité : l'expérience d'une sorte de dédoublement intime, d'une « voix intérieure » associée à des valeurs d'aide, de repérage (sans elle « on serait perdu ») et de réassurance.

Dans une autre discussion sur le racisme, l'usage de l'analogie domine également : « Le racisme, c'est comme s'il y avait une fête et qu'une personne ne voulait pas qu'il vienne à la fête ». « Le racisme, c'est comme si c'était une insulte ».

Il en va de même dans une discussion sur « Qu'est-ce qu'un visage ? » :

> – Un visage c'est comme un pont : quand il est construit, les gens peuvent rentrer et savoir qui on est.
> – Non, c'est une fenêtre et en même temps un mur. Quand le visage est ouvert, c'est une fenêtre où on voit la personne, comment elle est, ce qu'elle ressent… et c'est un mur quand le visage il est fermé.
> – Mmmmh, moi, je pense que c'est un masque : on met le masque et on enlève le masque. On peut cacher ses émotions. Bon par contre mettre le masque ça marche pas avec tout le monde : pas avec ma mère par exemple ! [1].

On admirera dans cet extrait l'art du maniement des métaphores dont font preuve ces enfants. Une première analogie univoque est remplacée par une seconde qui est double (la fenêtre et le mur) qui permet de faire droit à l'ambivalence

1. Propos recueillis par Johanna Hawken, atelier au collège de Romainville (6e-3e), 2017.

fondamentale du visage. Mais celle-ci est à son tour contestée par une troisième (le masque) qui permet de sortir de l'alternative trop simpliste présence/absence, ouverture/fermeture, visibilité/invisibilité pour y adjoindre une nouvelle dimension, celle de la simulation. Se dégage ainsi une compréhension du visage qui échappe à toute détermination conceptuelle et le fait entrer dans le registre d'une plasticité sans limites autour de quatre pôles : relier / montrer / cacher / simuler.

FAIRE VARIER LES SENS POUR EN EXPLORER LES IMPLICATIONS

Cette compétence s'apparente à la technique des « variations eidétiques » dans la phénoménologie husserlienne. Rappelons que dans cette dernière, la variation permet d'explorer les invariants d'une essence et d'en repérer les implications et conditions *a priori*.

La sociologie contemporaine a repris cette technique. Ainsi Patrick Pharo, dans le cadre d'un essai de « sémantique sociologique », fait varier systématiquement une situation-type (une secrétaire accepte, sur l'ordre de son patron, de taper une lettre) selon trois paramètres : ordre légitime /illégitime, obéissance légitime / illégitime, subordination limitée /illimitée. Cela permet de dégager le sens de relations sociales fondamentales comme l'autorité et l'obéissance [1]. Il opère de la même façon des variations réglées autour de la situation « dire du bien de quelqu'un » [2].

Cette même démarche se rencontre dans les discussions philosophiques. Ainsi dans un débat sur la justice animé par Michel Tozzi [3], les enfants s'interrogent sur les diverses façons

1. *Cf.* Patrick Pharo, *Le sens de la justice. Essais de sémantique sociologique*, Paris, PUF, 2001, p. 81-82.

2. *Ibid.*, p. 87-92.

3. Ce débat fait l'objet de l'ouvrage *Paroles de philosophes en herbe*, J.-P. Simon et M. Tozzi (dir.), Grenoble, UGA Éditions, 2017.

de partager un gâteau où il y a de la crème chantilly, du caramel et du chocolat qui se prêtent mal à un partage en parts égales. De nombreuses solutions sont envisagées :

– « donner au chien » ce qui n'est pas partageable (comme cela il n'y aura pas d'injustice !);

– donner la part où il y a plus de crème à « celui qui est en face de nous » (valeurs de proximité et de convivialité);

– inviter ceux qui n'aiment pas la chantilly ou le caramel à donner leur part aux autres (invitation au dialogue, à l'échange amiable négocié);

– que celui qui prend une part avec crème s'excuse auprès des autres (valeur de la politesse, de la civilité, du respect exprimé);

– prendre volontairement une part plus petite pour inciter les autres à faire de même (création d'un climat de courtoisie et de générosité mutuelle).

Toutes ces solutions ont ceci de remarquable qu'elles échappent à la problématique d'une justice conceptuelle se bornant à énoncer les différents critères possibles d'un partage (égalité stricte, mérite, besoin, etc.). Elles relèvent de ce qu'on pourrait appeler une « justice herméneutique » fondée sur des gestes et non sur des actes; sur des intentions exprimées et interprétées plutôt que sur des décisions objectives.

Les dilemmes moraux, très utilisés dans les DVP, sont également une occasion privilégiée de procéder à ces variations systématiques de sens génératrices d'analyses interprétatives.

Soit par exemple le « dilemme de l'aiguillage » : regardant un train fou rouler vers une voie où il risque d'écraser cinq cheminots, j'ai la possibilité d'actionner un aiguillage qui le déviera vers une autre voie où ne se trouve qu'une personne. Dois-je, ou non, actionner l'aiguillage ? La réponse « utilitariste » sera oui : la mort d'une seule personne est un moindre mal par rapport à celle de cinq. Le critère ici est sommatif, procédant par maximisation des biens (ou minimisation des maux). La réponse

« déontologique » sera non : je n'ai pas le droit de décider volontairement de la mort d'une personne, car elle est une fin en soi. Dévier le train c'est utiliser la personne comme un pur moyen (d'éviter la mort d'autres personnes), ce qui est immoral.

Le débat semble purement argumentatif, opposant des concepts antagonistes (utilitarisme/ déontologisme) et des arguments incompatibles. Mais dès qu'on fait varier la situation, comme l'observe Ruwen Ogien [1], la discussion se complique. Les réponses des participants changent si l'on introduit des modalités supplémentaires : si les personnes sont connues ou familières d'un côté ou de l'autre, si le passé de ces personnes est connu (par exemple si la personne seule est un nazi ou un criminel préparant un forfait), si le choix exige une implication personnelle ou un contact physique (par exemple si on remplace l'aiguillage par l'hypothèse d'un « gros homme » à pousser par-dessus un pont), etc.

Il apparaît alors que le choix moral ne relève pas seulement de raisons, c'est-à-dire d'arguments, mais aussi de circonstances « subjectives ». Elles renvoient à des questions de sens : à savoir, le sens que la situation a pour moi – si elle met en jeu par exemple des personnes avec qui j'ai un passé commun, une empathie dont il faut expliciter les motifs ; ou si le choix signifie un engagement du corps entier et non pas seulement du bout du doigt.

Dès lors, un dilemme ne se réduit pas à deux options abstraites et schématiques entre lesquelles il faudrait trancher. Il est toujours aussi une situation à déchiffrer, expliciter, clarifier. Ainsi le fait qu'une « odeur de croissants chauds » accroît la probabilité d'un geste altruiste n'est pas simplement une réalité à constater ; il appelle une interprétation, qui sera par exemple qu'un climat de convivialité modifie la question morale. De même encore, le fait bien connu en psychosociologie qu'une première demande

1. Ruwen Ogien, *L'influence de l'odeur des croissants chauds sur la bonté humaine*, Paris, Grasset, 2011

anodine accroît les chances d'une réponse positive à une seconde demande plus importante, selon le phénomène du « pied-dans-la-porte » [1] – ce fait n'est pas une simple donnée empirique vérifiable statistiquement. Il renvoie une analyse herméneutique qui mettra en évidence l'historicité de toute relation morale. Celle-ci n'est pas qu'une exigence intemporelle, un système de rapports rationalisables entre personnes sujets de droit. Elle est aussi une relation concrète s'inscrivant dans une temporalité à la fois personnelle et collective.

JUGER, ÉVALUER, HIÉRARCHISER

Nous avons vu que l'activité interprétative n'est pas dissociable de l'exercice d'un jugement évaluatif et normatif. C'est pourquoi les quatre compétences précédentes sont déjà en elles-mêmes à la source de jugements et d'évaluation, comme on le voit bien dans les dilemmes moraux et leurs diverses variantes. Mais il est possible d'isoler jusqu'à un certain point cet aspect et à propos d'œuvres artistiques, littéraires ou autres, d'exercer un jugement qui sera le plus souvent comparatif, parce qu'il est plus facile d'évaluer une œuvre ou une situation par comparaison que d'une manière absolue. On dépasse alors le jugement catégoriel (beau/ laid, juste/ injuste, etc.), proche de l'analyse conceptuelle, vers une *problématique des degrés* qui conduit à rechercher des justifications plus fines et plus complexes.

Nous verrons, dans le chapitre suivant, des exemples d'activités susceptibles d'être proposées dans des ateliers. Mais, d'ores et déjà, nous pouvons conclure de ces analyses que la démarche interprétative permet d'élargir considérablement le champ de l'investigation philosophique et de surmonter

1. Robert-Vincent Joule, Jean-Léon Beauvois, *Petit traité de manipulation à l'usage des honnêtes gens*, Grenoble, Presses universitaires de Grenoble, 1987.

l'opposition entre l'universel et le singulier, l'unité supposée de l'humain et la particularité des cultures, qui trop souvent conduit à des impasses ou des controverses sans fin. Dans l'approche herméneutique du philosopher, les données culturelles ne viennent pas affaiblir ou relativiser les exigences universalisantes auxquelles le philosophe s'intéresse. Elles sont au contraire un tremplin incontournable pour y accéder.

CHAPITRE VI

FORMER A L'INTERPRÉTATION

Des analyses précédentes dérivent quelques pistes pour former les enfants, les animateurs et les professeurs aux compétences herméneutiques. On peut distinguer au moins quatre niveaux d'exercices possibles.

QUATRE NIVEAUX D'EXERCICES

1) *Travailler sur un corpus fictionnel ou situationnel pour en dégager les principaux niveaux d'analyse.*

Ainsi, sur un tableau, un poème, un texte littéraire, une situation réelle ou fictive, on peut s'exercer à distinguer :

a) *ce qui permet une compréhension littérale* : pour une œuvre littéraire ou picturale, son contexte historique, culturel, social, les intentions exprimées de l'auteur, la réception de l'œuvre par les contemporains, les références textuelles ou picturales qu'elle comporte, les techniques qui expliquent certaines de ses particularités, etc. Soit par exemple le *Retour du Prodigue*, de Rembrandt : il s'agira de connaître la parabole évangélique du Fils prodigue, sa signification religieuse et morale ; mais aussi l'état des techniques picturales à l'époque de Rembrandt, l'évolution de sa peinture de sa jeunesse à l'époque du tableau, les costumes des personnages, les lois de la perspective en vigueur au moment où il a été réalisé, etc.

b) *ce qui relève d'une interprétation « interne »* : l'organisation de l'œuvre, sa cohérence (et/ou ses incohérences), les éléments qui suscitent et alimentent le questionnement interprétatif. Ainsi dans le *Retour du Prodigue*, la disposition des personnages, leur éclairement (trois personnages éclairés, deux dans l'ombre), leurs attitudes (le fils agenouillé, le père penché), les détails signifiants (les yeux fermés du père, le regard du personnage qui contemple la scène à droite, la nuque rasée du fils, son pied nu, la cape rouge du père, etc.) ;

c) *ce qui relève d'une interprétation « externe »*, c'est-à-dire qui sollicite la subjectivité de chacun : que peuvent signifier les mains du père écartées dans le dos du fils ? Qu'est-ce qui distingue le regard et l'attitude de chacun des trois spectateurs de la scène ? Pourquoi le père semble-t-il légèrement tordu dans sa posture ? etc.

Un dispositif proposé par l'équipe belge PhiloCité dans le cadre des activités PhiloArt [1] consiste à commenter une œuvre successivement selon différents paliers : d'abord en ne considérant que les couleurs, puis les formes, puis les représentations (objets, personnages, etc.), les significations qu'elles évoquent et enfin les thèmes philosophiques que chacun peut y voir – chacun justifiant à chaque fois son commentaire. Ce découpage en paliers successifs oblige les participants à distinguer les divers éléments constitutifs du ou des sens, donc à éviter autant que possible toute projection arbitraire ou fantaisiste de préoccupations purement personnelles. Par cette discipline imposée, on aiguise le regard mais aussi le jugement.

1. PhiloCité, ASBL, https://www.philocite.eu et Guillaume Damit, *L'atelier d'enquête philosophique sur une œuvre d'art*, Diotime n° 73,7/2017, p. 23

2) *Pratiquer des activités spécifiques à chaque compétence interprétative. Ainsi on peut, selon les cas :*

a) travailler sur l'analogie :

– *le portrait chinois* [1] (« si c'était… ») est ici un bon exercice, car il stimule la production de métaphores et invite à les justifier philosophiquement. Il permet de naviguer sans cesse de l'image au concept et réciproquement.

– *l'invention ou l'exploration d'analogies conceptualisantes.* Il s'agit d'analogies concrètes servant de catégories pour caractériser une idée à portée universalisante [2]. Ainsi, la phrase « Un paquebot ne fait pas demi-tour en cinq minutes » exprime l'idée que tout changement profond exige du temps et ne peut se faire que lentement et difficilement. La « théorie des dominos », évoquant l'image de dominos s'effondrant les uns sur les autres, exprime l'idée qu'un événement apparemment mineur peut avoir de grandes conséquences ; ce paradigme a commandé le débat politique aux États-Unis pendant la guerre du Vietnam. « On ne fait pas d'omelette sans casser des œufs » suggère que toute action d'envergure entraîne des effets collatéraux négatifs qu'on ne peut pas éviter, etc.

Ces analogies sont porteuses de thèses philosophiques qui peuvent et doivent être discutées, interrogées, analysées, car elles imprègnent la pensée courante et commandent nos comportements à notre insu. Ce sont des « concepts pragmatiques » qui ne se présentent pas sous forme de notions, mais d'analogies, c'est-à-dire de métaphores signifiantes appelant une démarche herméneutique plutôt que logique. Il s'agira de les repérer dans la langue courante et les situations quotidiennes ou exceptionnelles, mais aussi d'en inventer de nouvelles par

1. On trouvera dans notre ouvrage *Vieillir en philosophe*, Paris, Odile Jacob, 2015, p. 29-30 un exemple de « portrait chinois » sur le thème de la vieillesse.

2. *Cf.* sur ce point Douglas Hofstadter et Emmanuel Sander, *L'analogie, cœur de la pensée*, *op. cit.*, chap. 6.

un « acte cognitif créatif » [1] – et bien entendu d'en discuter la validité philosophique.

– *les questions analogiques* : ainsi un exercice sur le silence mis au point dans le cadre de la démarche Lipman demande :

- Aurait-on raison de dire que le silence est au son ce que l'obscurité est à la lumière ?
- Aurait-on raison de dire que le silence est au son ce que le froid est à la chaleur ?
- Aurait-on raison de dire que le silence est au son ce qu'un fond sombre est à une photo [2] ?

On peut élaborer ce genre de « questions analogiques » à propos de la plupart des notions philosophiques, surtout quand elles se présentent en couple (liberté/contrainte, bonheur/malheur, santé/maladie, etc.)

b) travailler sur la pluralité des sens (polysémie) :

Le *photolangage* est ici l'exercice approprié, car il conduit chacun à choisir une image en fonction des thèmes ou valeurs qu'elle exprime, en justifiant encore une fois son choix. On peut aussi se limiter à une seule image et inviter les participants à écrire librement leurs commentaires, puis les confronter [3].

Le « *puzzle philosophique* », mis au point par Mélanie Olivier et l'association Philo dell'Arte [4], permet de travailler sur les affinités et complémentarités des sens. Des œuvres picturales

1. Douglas Hofstadter et Emmanuel Sander, *L'analogie, cœur de la pensée*, *op. cit.*, chap. 6.

2. Questions tirées de *Looking for Meaning*, Instructional Manuel to Accompany Pixie, Montclair State College New Jersey, Institute for the Advancement of Philosophy for Children, 2e edition, 1984. Publié en français par l'Association québécoise de philosophie pour enfants.

3. On trouvera dans l'ouvrage de Patrick Tharrault, *Pratiquer le débat-philo à l'école*, Paris, Retz, 2016, p. 124-126, des exemples de commentaires d'enfants sur des dessins autour de la question : « Doit-on toujours dire la vérité ? ».

4. *Cf.* Philo dell'Arte, Fiches pédagogiques « Mêler la philo à l'art à l'école, c'est possible ! », disponibles gratuitement sur le site https://www.polephilo.be/outils-pedagogiques.

diverses autour d'un même thème (par exemple la liberté) sont coupées en deux. Chaque moitié est attribuée à un participant qui doit retrouver l'autre moitié simplement en décrivant le fragment qu'il possède. Celui qui pense avoir la moitié manquante peut poser des questions. Par-delà les formes et couleurs, émerge progressivement le(s) sens de l'œuvre, qui permet d'en apprécier la cohérence et de reconstituer l'œuvre entière.

c) travailler la « créativité herméneutique » :

– *l'écriture fictionnelle* : par exemple, écrire un texte commençant par : « En ce temps-là les hommes étaient heureux… » ; ou un conte sur le thème du courage, de la vérité, de la justice, etc.

– *le dessin libre* autour d'un thème philosophique [1].

– *le photomontage* : rechercher et découper des images dans des publicités ou ailleurs et en faire un montage exprimant un questionnement ou une idée philosophique.

– *le mime ou la danse* : traduire un concept ou une idée en gestes, en s'interdisant toute parole.

d) travailler sur la pluralité des valeurs (ambivalence)

Ici également, des questions appropriées peuvent aider à prendre conscience de l'ambivalence d'un phénomène. Ainsi, dans l'exercice déjà cité sur le silence, sont proposées les questions suivantes :

- Une personne peut-elle vouloir parler et pourtant se taire ?
- Une personne peut-elle vouloir se taire et parler quand même ?
- Les silences sont-ils parfois éloquents ?
- Un silence peut-il être rempli de haine ? d'amour ?
- Un silence peut-il être beau ?
- Un silence est-il quelque chose ou rien du tout ?

1. *Cf.* Patrick Tharrault, *Pratiquer le débat-philo à l'école*, *op. cit.*, p. 195-198, où sont reproduits plusieurs exemples de « dessins-philo ».

3) *Faire varier des situations réelles ou fictionnelles pour en dégager les sens.*

Il s'agit ici de faire émerger les nuances de sens que peuvent exprimer des pratiques ou des œuvres sur des thèmes identiques ou voisins. Ainsi par exemple :

a) recenser et analyser toutes les manières de dire bonjour ou de saluer dans les différentes cultures et/ou dans la vie quotidienne. Même chose pour les façons de remercier, de célébrer un deuil, d'exprimer sa joie, son chagrin, sa colère, son mépris, etc.

b) étudier et comparer des œuvres picturales sur un même sujet, par exemple le Fils prodigue, ou le Jugement dernier, ou la Crucifixion; ou représentant des personnages amoureux, en colère, indignés, orgueilleux, etc.

c) explorer toutes les façons de dire une phrase, à la manière du « C'est bien, ça ! » dans la pièce *Pour un oui ou pour un non* de Nathalie Sarraute. On pourrait ainsi imaginer et analyser toutes les manières de dire « Vas-y ! », « Encore ! » ou toute autre expression courante.

d) inventer des variantes d'une expression proverbiale, comme par exemple « Qui s'y frotte s'y pique » ou « Qui vole un œuf vole un bœuf » [1].

e) inventer des zeugmes, c'est-à-dire des constructions syntaxiques, généralement élaborées à des fins humoristiques, où plusieurs sens d'un mot sont présents dans une phrase alors que le mot lui-même n'y figure qu'une seule fois. Ainsi par exemple : « On pourrait se retrouver dans cinq minutes et le jardin ».

Les zeugmes sont, comme le disent Hofstadter et Sander, « d'amusants témoins de la subtilité des concepts ». Leur pratique

1. On trouvera dans l'ouvrage de D. Hofstadter et E. Sander un exemple de variations systématiques sur le proverbe « Chat échaudé craint l'eau froide » (p. 133). Chacune de ces variations introduit une nuance infime et subtile par rapport au sens initial.

systématique est un bon moyen de faire ressortir la polysémie des mots les plus courants. « Kurt était et parlait allemand » permet de dissocier la nationalité et la langue. « Elle m'a donné un baiser et un livre » permet de s'interroger sur la polysémie du don, tout comme « Elle m'a rendu ma monnaie et mon bonheur » sur celle de l'échange. Beaucoup de zeugmes obligent à une réflexion interprétative pour expliciter un paradoxe qui n'est pas toujours évident. Ainsi, « Sylvie joue au tennis, la comédie et du violon » fait fonctionner trois sens du jeu qui conduisent à questionner à la fois leur noyau commun et les différences qu'ils expriment ; d'autant que le second (« jouer la comédie ») s'emploie aussi dans la vie réelle.

4) *Juger, évaluer, comparer, hiérarchiser*

Il s'agit ici d'exercer le jugement en lui-même et pour lui-même, ce qui ne peut se faire que si les autres aspects de la compétence interprétative ont déjà été travaillés. L'évaluation peut être esthétique (beauté), morale (justice, bonté) ou proprement philosophique (profondeur). Dans tous les cas, il s'agit de dépasser les critères purement objectifs (d'efficacité, de complexité, etc.) vers une appréciation en quelque sorte pure de la valeur. La beauté d'un tableau, par exemple, ne se mesure pas à la richesse picturale ou à la complexité des formes. Des critères comme l'harmonie, l'équilibre, ou au contraire le dynamisme, l'effusion, la grâce, se laissent difficilement mettre en équations, mais peuvent être l'objet d'une réflexion individuelle et collective très riche.

Une activité comme « *De la suite dans les idées* », mise au point par Philo dell'Arte, permet d'exercer cette compétence. Quatre images d'œuvres dans une même catégorie (par exemple animaux, nature morte, portrait, etc.) sont distribuées à chaque participant, qui doit les classer par ordre de beauté (du plus beau au moins beau). Puis chacun est invité à donner les raisons de son choix. Les critères sont notés au tableau, analysés et discutés. A la fin, les critères eux-mêmes sont ordonnés selon une spirale, les plus importants au centre.

Le même exercice peut se faire avec des œuvres musicales.

Il peut aussi être pratiqué dans le domaine moral. On propose des situations ou des personnages connus et on demande de les classer en fonction d'un critère (par exemple la bonté, la liberté, la dignité, l'intelligence, etc.). Ici également les classements seront confrontés et discutés pour en expliciter les principes.

UN EXEMPLE DE DISPOSITIF : LA QUESTION DE LA JUSTICE

Ce dispositif part de deux situations tournant autour de la question de la justice. Nous avons déjà mentionné la première ; nous la rappelons ici pour mémoire, parce qu'elle peut entrer en résonance avec la seconde pour enrichir la réflexion interprétative menée avec les participants de l'atelier.

Situation 1

Dans un goûter d'anniversaire, il y a 8 enfants. La maman qui sert le gâteau s'apprête à le couper en huit parts égales. Mais plusieurs enfants font remarquer que sur le dessus il y a du caramel, du chocolat et de la crème chantilly répartis un peu au hasard. Il est impossible que chaque part ait une quantité exactement égale aux autres de ces trois ingrédients. Du coup, les enfants commencent à se disputer. Que faire ?

Situation 2

Dans un magasin de journaux, un enfant pleure et supplie que le marchand lui rende sa pièce en échange de la sucette qu'il a achetée et qui n'est pas celle qu'il voulait. Mais le patron refuse. Il dit que l'enfant a déjà ouvert la sucette et qu'il ne peut plus la vendre. L'enfant est manifestement désespéré. Des clients, qui attendent leur tour, assistent à la scène.

Ces deux situations ont en commun de ne pas offrir deux choix bien tranchés, comme dans les dilemmes classiques. Au contraire, elles semblent ne pas permettre de solution.

Dans la première, comment répartir également un gâteau qui ne peut pas être découpé en parts identiques ? Au mélange des trois ingrédients sur le gâteau s'ajoutent les préférences subjectives des enfants : l'un aimera davantage la crème chantilly, l'autre préférera le chocolat, mais ces préférences ne sont pas mesurables et ne fournissent pas la base d'un partage objectif à partir de critères clairs.

Dans la seconde, le patron a le droit pour lui. Il a raison quand il dit qu'il ne pourra pas vendre une sucette ouverte et qu'il perdra l'argent s'il rembourse l'enfant : rien ne l'y oblige légalement.

On peut présenter chaque situation telle quelle, sans suggérer de solution, et demander aux participants d'imaginer des propositions pour sortir de cet embarras. Faute de pouvoir recourir à une règle claire (dans la première situation) ou à une prescription légale (dans la seconde), il faut inventer quelque chose qui maintiendra ou rétablira la justice aux yeux des protagonistes. Voici quelques suggestions faites par des enfants.

Pour la première situation : donner le gâteau au chien (comme cela personne n'aura rien !) ; tirer au sort les parts ; faire choisir en commençant par le plus jeune (ou le plus âgé) ; enlever le dessus du gâteau et le mettre à part, en mélangeant les ingrédients pour les répartir également ; ou au contraire en mettant les trois ingrédients dans des récipients séparés, pour que chacun prenne ce qu'il aime ; prendre une part plus petite, pour inviter les autres à faire de même, etc.

Pour la seconde situation, le problème est encore plus délicat, puisqu'en toute rigueur « il n'y a pas de problème » : le patron a la loi pour lui, l'enfant doit apprendre ce que dit la loi, à savoir que toute marchandise qui n'est plus consommable du fait de l'acheteur doit être payée.

Le problème n'est donc pas celui de la « justice objective », c'est-à-dire distributive : comment répartir équitablement un bien; ou qui doit assumer le coût d'un produit commercialisé. Il est plutôt celui d'une justice « subjective », instaurant et préservant entre les personnes le sentiment de justice alors qu'aucune estimation incontestable n'est possible.

Cela peut s'obtenir par un « geste » du commerçant, renonçant volontairement à ce qui est son droit pour maintenir avec l'enfant et les autres clients un climat de convivialité – d'autant que le préjudice est infime.

Pour permettre une réflexion en ce sens, on pourra poser des questions comme : « Si tu étais le commerçant, que ferais-tu? » « Si tu étais l'un des clients spectateurs de la scène, que ferais-tu ou que dirais-tu? » et bien sûr « Si tu étais l'enfant, comment réagirais-tu au refus du commerçant? ». Cette invitation à se mettre à la place des différents protagonistes de la scène favorise la prise de conscience que, dans certains cas, la justice implique non l'application du droit mais le renoncement à son droit, au nom d'un impératif supérieur de confiance ou de convivialité sans lequel il n'y a pas de justice, même légale.

Dans la première situation, il en va de même : l'enfant qui propose de prendre volontairement une part plus petite que celle à laquelle il aurait droit montre par là qu'il considère le maintien d'un climat d'entente et de bonne humeur comme plus important que le respect de normes juridiques ou géométriques. Il invite les autres à agir de même en faisant ce qu'on appelle, dans le langage courant, « un geste ». Souvent, « faire le premier geste » est une manière de débloquer une situation apparemment inextricable. C'est ce que Patrick Pharo appelle « la politique de la justice d'autrui » [1] : on s'en remet à autrui du soin de dire la justice, et

1. *Cf.* Patrick Pharo, *Le sens de la justice*, Paris, PUF, 2001.

par là on l'invite à sortir d'une attitude purement juridique et conflictuelle (défendre son droit contre les autres).

Dans les deux cas, on n'est pas dans une démarche argumentative où il s'agirait de conceptualiser (par exemple en distinguant les concepts de justice commutative et distributive, d'égalité et d'équité, de mérite et de besoin, etc.) et d'argumenter (en justifiant par des raisons clairement formulables une thèse ou une autre). On est plutôt dans une démarche interprétative, où l'essentiel est de déchiffrer, expliciter, analyser, interpréter le *sens* d'un geste apparemment irrationnel : prendre une part plus petite d'un gâteau que celle à laquelle on pourrait prétendre, ou renoncer à exiger le paiement d'une prestation pourtant fournie. La question n'est plus de trouver les règles d'un partage juste, mais d'assurer une relation de confiance et de bienveillance qui n'est pas formulable en termes conceptuels. Le langage courant le dit bien qui ne parle plus d'actes (comme lorsqu'on parle « d'actes de justice »), mais de « gestes » (comme lorsqu'on dit « faire un geste »). Quelle différence entre les deux ?

L'acte est *décisionnel* (il faut trancher, décider de faire quelque chose ou de ne pas le faire : on est dans une logique binaire, comme en témoigne l'expression « passage à l'acte ») ; il est *rationnel* (il faut fournir des raisons, des justifications acceptables par tous) ; il est *individuel* (même s'il y a des décisions collectives, ces décisions doivent être mises en œuvre par un « exécutif », c'est-à-dire une personne qui applique la décision collective et la traduit dans la réalité) ; il est *univoque* (par exemple une décision de justice a pour seule raison la sanction ou la réparation d'un dommage).

Le geste est *spontané* (on ne réfléchit pas trop quand on « fait un geste », par exemple sourire ou tendre la main) ; il est *affectif* (il vise non à produire quelque chose de réel, mais à susciter une réaction en retour) ; il est *relationnel* (un geste n'a de sens que par rapport à d'autres ; il est une invite, un appel à la réciprocité) ; il est *plurivoque* ou polysémique (ainsi le geste de prendre une part plus petite que celle à laquelle on aurait droit peut se comprendre par le souci de convivialité, mais aussi par une intention perverse de manipulation d'autrui : on calcule qu'ils vont faire de même, ce qui permettra de manger le reste du gâteau après leur départ !).

La réflexion sur l'acte s'inscrit dans *une logique argumentative* : avant d'agir il faut savoir à quel problème répond l'acte; il faut savoir ce que l'on fait (conceptualiser) et pourquoi on le fait (argumenter).

La réflexion sur le geste s'inscrit en revanche *dans une logique interprétative* : c'est après coup, et non avant, qu'on réfléchit sur le geste qu'on a fait, ou que d'autres ont fait. Et on ne réfléchit pas pour savoir si on a eu raison de le faire, mais pour savoir ce qu'il signifiait, quel sens du monde il impliquait pour soi et pour les autres.

Un exemple d'acte parmi bien d'autres, c'est celui du commissaire-priseur qui, dans une vente aux enchères, frappe la table avec son marteau pour marquer la vente définitive et irrévocable d'un bien au dernier enchérisseur. En un sens ce n'est qu'un signe; mais c'est un signe performatif, qui en lui-même et par lui-même, détermine la vente. Pour qu'il soit légitime, le commissaire-priseur doit respecter un certain nombre de conditions strictes préalablement définies : il ne doit plus y avoir d'enchérisseur dans le délai prescrit, le dernier enchérisseur doit avoir fait une offre claire, le bien vendu doit être libre de toute hypothèque, etc. On est bien là dans un acte qu'on peut justifier et définir de manière conceptuelle; si la vente est contestée, les avocats avanceront devant le tribunal des arguments à partir de règles juridiques claires. En revanche, les détails matériels de l'acte n'ont pas d'importance : que le commissaire frappe fort ou faiblement, avec un marteau en bois ou en fer, un manche court ou long n'a aucune incidence sur le fait même de l'acte, qui est d'accomplir la vente.

Un exemple de geste parmi d'autres, c'est celui de se découvrir pour saluer quand on rentre dans une pièce où il y a des gens. Ce geste vient du Moyen Âge : les chevaliers qui se retrouvaient dans un lieu clos, comme la salle d'un château, enlevaient leur heaume. Ce geste signifiait qu'on abandonnait volontairement une protection liée au combat ; on se rendait vulnérable, et par là on montrait qu'on faisait confiance à l'autre pour qu'il ne profite pas de cette exposition intentionnelle au risque. La réciprocité du geste assurait la confiance mutuelle.

Pareillement, se serrer la main est un code social qui remonterait au ve siècle avant J.C. A l'époque, ce geste ne servait pas nécessairement à se saluer mais avait pour but d'instaurer la confiance entre deux individus. En tendant la main droite – 90 % de la population mondiale est droitière – une personne montrait qu'elle n'allait pas dégainer d'arme, et donc qu'elle n'avait pas d'intention guerrière. Cette habitude s'est perpétuée et est devenue un moyen de dire bonjour à partir du Moyen Âge. Elle permettait aux chevaliers, même de clans rivaux, de se saluer officiellement, mais là aussi en s'assurant qu'aucun des deux protagonistes ne sortirait son épée du fourreau. Le geste a ensuite dépassé le cadre de la chevalerie et il est resté dans les usages.

Aucune règle juridique formelle, aucun cadre conceptuel ne préside à cette pratique. Le geste de se découvrir ou de serrer la main est un usage et non un acte renvoyant à un code. Contrairement à l'acte, les modalités concrètes du geste sont essentielles : on peut se découvrir cérémonieusement, courtoisement, avec simplicité, voire avec ironie, et même d'une manière agressive, ce qui inverse la valeur du geste. De même, il y a mille façons de serrer la main d'autrui, et chacune d'elles induit sa propre nuance, jusqu'à ici encore inverser sa signification, comme dans le cas de la poignée de main de Donald Trump, qui devient une marque d'agressivité et de compétition. C'est seulement après coup qu'on peut déchiffrer, analyser, interpréter cette signification : le geste est en lui-même un texte substantiel qui s'offre à la lecture en instaurant ses propres codes, alors que l'acte renvoie à des règles et concepts qui le précèdent et dont il n'est que le signifiant.

C'est l'analyse que fait Levinas du « Après vous, je vous en prie ! », expression dans laquelle il voyait l'essentiel de la morale, bien au-delà des controverses sur les justifications utilitaristes ou déontologiques qu'on peut en donner.

C'est aussi le sens de la pièce de Nathalie Sarraute, *Pour un oui ou pour un non.* La pièce porte sur la signification donnée par les deux protagonistes à une exclamation : « C'est bien, ça ! ». Pour celui qui l'a proférée, c'était un encouragement, un signe d'intérêt. Mais son interlocuteur l'a pris au contraire comme une marque de condescendance et de supériorité. Tout tourne autour de l'intonation, de la manière dont l'expression a été prononcée, avec un silence plus ou moins prolongé entre « bien » et « ça ».

Après avoir visionné la pièce ou un extrait (par exemple dans la version jouée par André Dussolier et Jean-Louis Trintignant) on pourra inviter les participants d'un atelier à inventer des situations analogues de malentendu sur un mot ou une expression ; puis les faire jouer et analyser collectivement.

CHAPITRE VII

INTERPRÉTATION ET DÉMOCRATIE

POUR UNE DÉMOCRATIE INTERPRÉTATIVE

Une récente enquête sur la lecture montre que les élèves français ont des compétences correctes pour le savoir-lire lui-même (items « prélever » et « inférer »), mais qu'ils sont très en-dessous de la moyenne européenne pour la compréhension profonde des textes (« interpréter » et « apprécier »).

Les compétences argumentatives – conceptualiser, problématiser, argumenter – relèvent du premier registre de lecture. Conceptualiser, c'est prélever les éléments pertinents d'objets ou de situations pour en faire des propriétés significatives. Argumenter, c'est inférer un énoncé d'un autre énoncé.

Ces compétences, on l'a vu, n'entraînent guère à interpréter et apprécier. Pour interpréter, il faut saisir des analogies entre des domaines hétérogènes (par exemple, entre un geste et un sentiment, un récit et un sens). Pour apprécier, il faut saisir des nuances fines de degrés (très bien, bien, assez bien, etc.) qui échappent au concept et à l'argumentation.

Le premier donné qui s'offre à l'interprétation, c'est le visage. Si la burka est condamnable, c'est parce qu'elle interdit tout abord interprétatif d'autrui. Une femme en burka se prête à l'analyse conceptuelle (je peux la définir comme femme, musulmane, pieuse, etc.). Elle peut parler, donc entrer avec moi dans un échange informatif ou argumentatif. Mais en masquant son visage, elle se refuse à toute possibilité d'interpréter les expressions de son visage – joie, peur, espoir, dégoût, tendresse, indignation, etc.

Or avant d'être argumentative et délibérative, la citoyenneté démocratique est interprétative. Être citoyen d'une société démocratique, c'est s'offrir à l'interprétation des autres et attendre d'eux la réciproque. Comme l'ont bien montré de nombreux historiens, sociologues et philosophes [1], la démocratie est d'abord affaire d'émotions, partagées ou non. Confiance, indignation, enthousiasme, espérance, etc. suscitent une activité interprétative (des visages, des gestes, des intonations, des discours, etc.) avant d'être ensuite, éventuellement, conceptualisées et argumentées. C'est pourquoi il est si important de faire une place à la compétence interprétative dans les discussions philosophiques.

Dans une société démocratique, qu'est-ce qui distingue la transparence légitime et nécessaire de la transparence terrifiante et totalitaire que décrit Dave Eggers dans *Le Cercle* [2] ? Celle-ci est principalement une visibilité des comportements : les caméras installées partout filment des actes ou des conduites susceptibles d'être dangereuses ou condamnables. En revanche, celle-là n'exige que la visibilité des visages s'offrant au déchiffrement de sens toujours multiples, ambigus, problématiques, fugitifs.

La démocratie est une « société interprétative » ouverte à la polysémie, à l'équivoque, au « conflit herméneutique », alors que les régimes autoritaires ou totalitaires sont des « sociétés conceptualisantes », qui enferment les individus dans des catégories (riches/ pauvres, intelligents/ déficients, normal/ déviant, bien-portant/ malade, etc.) dont ils ne sauraient sortir.

1. *Cf.* entre autres Martha Nussbaum, *Les émotions démocratiques*, Paris, Flammarion, 2012 ; Claudia Senik, *L'économie du bonheur*, Paris, Seuil, 2014 ; Anne-Claude Ambroise-Rendu et Christian Delporte, *L'indignation, histoire d'une émotion politique et morale*, Paris, Nouveau Monde éditions, 2008.

2. Dave Eggers, *Le Cercle*, Paris, Gallimard, 2013.

ÉTHIQUE ET HERMÉNEUTIQUE

En définitive, le seul devoir que nous ayons envers autrui (en dehors de la morale minimaliste du « ne pas nuire »), c'est un devoir d'interprétation. La diversité des conceptions éthiques ne nous permet plus d'entretenir l'illusion d'une sagesse universelle s'imposant à tous. La seule chose que nous puissions exiger des autres, c'est qu'ils justifient leurs choix et le donnent à comprendre. Cela ne signifie pas seulement l'argumenter, mais d'abord le présenter, c'est-à-dire s'offrir à l'interprétation d'autrui. La bêtise est condamnable parce qu'elle est un refus d'entrer dans une relation herméneutique avec les autres.

On trouve déjà ce « devoir d'interprétation » dans la conversation courante. Nous ne demandons pas seulement à ceux avec qui nous conversons de communiquer ou de raisonner avec nous. Nous leur demandons d'avoir un minimum « d'esprit »; et d'ailleurs, « avoir de l'esprit » est un éloge qui souvent fait pardonner tout le reste. Or qu'entend-on par « esprit » sinon la capacité de donner matière à réfléchir, comprendre, s'interroger sur ce qui n'est pas évident du premier coup ? Un « trait d'esprit » est une remarque sur laquelle il faut revenir, qui invite à méditer pour en apprécier le sel et la portée.

Bref, chacun a le devoir de s'offrir aux autres comme *donnant à penser*, ce qui implique un travail de déchiffrement, d'interprétation, d'élucidation.

Celui qui est transparent, par stupidité ou paresse, n'intéresse pas. Or la première des politesses et l'ultime forme de courtoisie, c'est d'*intéresser*. Le fanatique qui brandit ses certitudes peut effrayer, susciter la réprobation ou le mépris; mais il ne nous intéresse pas vraiment, parce qu'il ne donne rien à penser. Il est comme un caillou sur le chemin : on l'évite ou on donne un coup de pied dedans, mais on ne le regarde pas.

CHAPITRE VIII

CONSEILS PRATIQUES

LE PHOTOLANGAGE

L'objectif de la démarche est de permettre aux participants d'exprimer plus facilement que par le débat classique leur conception ou représentation spontanée d'une notion, d'une valeur, d'une idée.

La méthode s'apparente au portrait chinois (« si c'était… ») ; elle repose sur l'analogie entre une image et un concept, une réalité concrète et une réalité abstraite.

Il est important de présenter les images (via un vidéoprojecteur ou des affiches) en s'abstenant de tout commentaire qui pourrait influencer les participants et prédéterminer leur vision de l'œuvre (peinture ou photo).

En revanche, il est indispensable de situer chaque image dans son contexte historique et culturel. Par exemple, s'il s'agit d'un tableau ayant un motif religieux ou mythologique, il faut expliquer ce motif et le rôle qu'il joue dans la tradition. S'il s'agit du portrait d'un saint, comme chez Rembrandt, il faut exposer brièvement sa vie et les raisons pour lesquelles il est honoré.

On peut présenter chaque image une première fois, afin d'effectuer pour chacune d'elles cette présentation contextuelle et historique, en répondant à toutes les questions qui seront posées. Puis, dans une seconde présentation, on demandera aux participants de choisir celle qui correspond le mieux à l'idée ou la représentation qu'ils se font de la notion qui est à l'ordre du jour.

On laissera aux participants une minute ou deux pour faire ce choix; toutes les images seront projetées ensemble afin que chacun puisse avoir sous les yeux l'ensemble des choix possibles.

Ensuite, on procédera à un tour de table. Chacun indiquera l'image choisie et les raisons de son choix. A ce stade on n'engagera pas encore de débat; tout au plus permettra-t-on aux autres participants de poser des questions afin que chacun puisse mieux expliciter ses justifications. L'animateur pourra noter au tableau, au fur et à mesure, les significations qui émergent de ce tour de table.

Enfin, une fois celui-ci terminé, on reviendra sur l'ensemble des choix et on dégagera ensemble les lignes de force qui ressortent : quelles sont les images les plus choisies? Celles qui le sont le moins? Quelles significations dominantes émergent? Quels clivages et oppositions?

Rien n'interdit, à ce stade, de revenir sur certaines œuvres et de porter sur elles un regard esthétique, en recherchant la manière dont l'artiste a rendu, par certains procédés picturaux, par la disposition des personnages ou des motifs, la répartition des couleurs, la présence de certains détails, une impression qui est aussi une idée, une signification ou une valeur. Au fil de cette réflexion collective, des questions seront formulées, notées, puis reprises lors du débat.

Les images figurant dans les fiches peuvent être téléchargées sur les sites suivants :

http://philogalichet.fr/photolangage-images-a-telecharger

http://www.philocite.eu/blog/category/manuels/

Certaines images n'ont pu être reproduites pour des raisons de droits. On les trouvera aisément sur Internet à partir du titre et du nom de l'auteur ou du sujet de la photo. Bien entendu, rien n'interdit de changer certaines images et de les remplacer par d'autres, si l'on juge qu'elles sont plus expressives. Il peut même être intéressant d'inviter les participants d'un atelier philo, après un photolangage, à prolonger l'exercice en recherchant par eux-mêmes d'autres images et à justifier leurs choix.

ANALYSE D'UN TEXTE, D'UN POÈME

Ici également, il faudra d'abord présenter le texte en le resituant dans son contexte historique et culturel.

Si la langue est difficile, il faudra faire une véritable « explication de texte » collective afin que ne subsiste aucune obscurité ou incompréhension. Il serait en effet absurde de faire réfléchir philosophiquement des personnes – enfants ou adultes – sur un texte qu'ils ne comprennent pas !

Une fois cette explication effectuée, on pourra passer à la réflexion proprement dite. Plusieurs méthodes sont possibles :

– tour de table, comme pour le photolangage

– discussion collective avec prise de parole à la demande, chacun réagissant au texte pour dire ce qu'il en pense ou poser une question

Si des aspects jugés importants par l'animateur ne sont pas abordés, il peut questionner le groupe pour attirer l'attention des participants sur eux. Mais en aucun cas il ne devra se substituer au groupe et transformer la réflexion collective en cours magistral !

CHOIX D'ÉNONCÉS

La démarche est globalement la même que pour le photolangage. Il faut d'abord présenter les énoncés sans commentaire, et s'assurer qu'ils ont été bien compris. La meilleure façon de le vérifier, c'est de demander aux participants de reformuler chacun d'eux : cela permet de déceler les contresens ou les confusions.

Ensuite, comme dans le photolangage, un tour de table permettra à chacun d'indiquer son choix (positif ou négatif) et de le justifier.

Cette fois, on est dans une démarche plutôt argumentative : il s'agit de justifier une thèse et non d'interpréter une image ou un texte en en dégageant des significations.

On peut aussi inviter les participants à écrire des textes où chacun commente librement l'énoncé de son choix. Ces textes lus oralement ou affichés susciteront des réponses, ce qui engendre un véritable dialogue écrit, souvent plus riche et plus structuré que le dialogue oral.

C'est pourquoi cette activité débouchera tout naturellement sur un débat. L'énoncé qui aura suscité le plus de prises de positions contradictoires, ou le plus de passions, pourra être choisi comme sujet.

Chapitre IX

OUTILS POUR L'ANIMATION D'UN ATELIER PHILO

Nous parlons ici d'atelier et non de débat, car le débat n'est qu'un type d'activité philosophique parmi d'autres. Comme nous l'avons vu, la philosophie est indissociablement une pratique argumentative et interprétative. Il serait erroné de réduire le philosopher au seul débat, qui sur un sujet essaie de produire des définitions claires (conceptualisation), de formuler des questions pertinentes (problématisation) et d'y répondre en énonçant des thèses justifiées par des raisons (argumentation). C'est pourquoi, sur un thème donné, il est souhaitable de faire plusieurs séances, les unes orientées vers des activités à dominante interprétative à partir de données variées (images, textes poétiques ou littéraires, documents d'actualité, etc.) et les autres vers des activités à dominante argumentative (choix d'énoncés, débats).

Trois moments sont particulièrement problématiques pour l'animateur. Nous proposons ci-dessous des outils pour aider à dépasser les difficultés qu'il peut rencontrer dans chacune de ces circonstances.

Préparer un atelier

Quelle que soit la forme de la séance (photolangage, discussion autour d'un poème ou d'un texte littéraire, débat), le principal souci de l'animateur est d'avoir en tête une série de questions susceptibles d'être proposées aux participants, soit d'emblée, soit pour relancer une réflexion qui patine ou s'essouffle.

A cet effet, il peut être utile de se référer à un certain nombre de distinctions conceptuelles courantes en philosophie. Nous en donnons quelques-unes dans la grille ci-après, avec deux exemples (le bonheur, la liberté) pour illustrer la façon dont elles peuvent permettre de formuler des questions. Bien entendu, il n'est pas toujours possible de trouver des questions pour toutes les oppositions conceptuelles. Certaines se révèlent plus fécondes que d'autres selon le sujet ou le thème retenu.

GRILLE D'AIDE A LA PRODUCTION
DE QUESTIONNEMENTS PHILOSOPHIQUES

Couple conceptuel	**Exemple 1 : Le bonheur**	**Exemple 2 : La liberté**
Corps/esprit	En quoi le bonheur se distingue-t-il du plaisir ?	Peut-on être libre si le corps est contraint ou meurtri ? (ex. : prison, maladie)
Nature/culture	Le bonheur est-il propre à l'homme ? Un animal peut-il être heureux ?	Quelles sont les conditions naturelles (= biologiques) et culturelles (= politiques, sociales, etc.) de la liberté ?
Liberté/nécessité	Le bonheur peut-il être voulu ? Ou est-il un effet des circonstances ?	Comment concilier la liberté et le déterminisme scientifique ? (ex. des neurosciences)
Conscient/inconscient	Peut-on être heureux ou malheureux sans le savoir ?	Peut-on exercer sa liberté sans en avoir conscience ?
Sujet/objet	Peut-on évaluer le bonheur, en avoir des preuves et critères objectifs ?	La liberté est-elle ce qui nous définit comme sujets ?

Fait/valeur ; ontologie/axiologie	Le bonheur est-il un devoir ? Faut-il être heureux ?	Peut-il y avoir liberté sans normes, sans loi ? (*cf.* Kant)
Croire/savoir	Peut-on croire qu'on est heureux et ne pas l'être ?	Peut-on croire qu'on est libre et ne pas l'être ? Comment sait-on qu'on est libre ?
Individuel /collectif, social, etc.	Le bonheur est-il purement individuel ou y a-t-il des bonheurs collectifs ? (*cf.* indice ONU du bonheur par pays)	La liberté est-elle purement individuelle ou y a-t-il des choix collectifs ? (et donc une responsabilité collective)
Expérience/raison	Le bonheur peut-il s'apprendre ?	Peut-on apprendre à être libre ?
Affectif/cognitif	Le bonheur est-il un sentiment ou une idée ?	Peut-on être esclave de ses passions ?
Etre/devenir	Le bonheur est-il un état stable ou un flux, une trajectoire ?	Naît-on libre ou le devient-on ?
Légal/légitime	Y a-t-il des bonheurs illégitimes ?	La loi restreint-elle la liberté ?
Espace/temps (recherches historiques et sociologiques)	La conception du bonheur est-elle la même dans toutes les cultures et toutes les époques ?	La conception de la liberté est-elle la même dans toutes les cultures et toutes les époques ?

ANIMER UNE DISCUSSION

Au cours d'un débat ou d'une discussion, l'animateur se demande souvent ce qu'il doit faire : laisser parler les intervenants, au risque de répétitions, de propos confus ou hors-sujet? Ou bien intervenir, au risque d'introduire une certaine directivité, un retour des participants à une attitude de passivité qui se contente de répondre aux questions de l'animateur?

Il n'y a pas de réponse simple à ces interrogations. On peut seulement recommander de toujours attendre un peu avant d'intervenir (sauf en cas de propos déplacé ou choquant). Si on préside soi-même la discussion, il est préférable, tant qu'il y a des mains levées, de donner la parole aux participants – quitte à se réserver un temps pour rectifier, reformuler, réorienter la réflexion collective.

D'une manière générale, il vaut mieux procéder par des interventions courtes, qui peuvent être de plusieurs natures :

– *reformuler* ce que dit un participant – ce qui ne veut pas dire simplement répéter ce qu'il a dit, mais essayer de rendre sa pensée avec d'autres mots ;

– *poser des questions* qui ne soient pas des questions prédéterminées ou artificielles, à la manière d'un interrogatoire (policier ou scolaire...), mais des questions qui se greffent sur ce qui a été dit par un intervenant, qui partent de son idée pour l'inciter à la pousser jusque dans ses derniers retranchements ;

– *formuler des objections* qui obligent l'intervenant à argumenter, défendre son point de vue, affronter la contradiction sans s'énerver ni la repousser d'une parole méprisante (« c'est idiot »), mais en essayant d'y répondre de manière rationnelle ;

– *développer les implications* d'une idée formulée par un participant, la pousser jusqu'au bout, essayer d'en dégager les conséquences pour les lui proposer (« De ce que tu dis, il suit que... »). Par exemple, dire qu'on a le droit de voyager en bus ou en métro sans payer si on le peut implique que je n'ai pas le droit de protester si quelqu'un me vole mon téléphone portable ou mon baladeur ;

– ou au contraire *dégager les conditions, les présupposés* de ce qu'il dit (« Si tu dis ça, cela suppose ça »). Par exemple, dire que c'est Dieu qui nous apprend ce qu'on doit faire suppose que seuls les croyants sont capables de morale, et que sans religion on ne peut pas pratiquer le bien ;

– *effectuer des synthèses partielles*, c'est-à-dire résumer un moment d'échanges en dégageant l'idée dominante ;

– *élaborer des définitions* de notions ou de concepts : par exemple, rédiger une définition du mot « justice » ou du mot « bonheur », qui ne soit pas celle du dictionnaire, mais une définition qui rassemble autant que possible l'essentiel de ce qui a été dit dans la discussion. La noter sur un papier ou au tableau peut sembler un peu scolaire, mais permet une démarche collective.

Pour illustrer ces différentes modalités d'animation, voici l'extrait d'un débat sur le thème « grandir ». L'animateur est un enseignant étranger à la classe, invité pour la circonstance. Il s'agira de prêter attention non seulement aux interventions des enfants, mais aussi à la façon dont l'animateur anime le débat, en vue de le faciliter, de le faire avancer, de le relancer. Ses interventions sont en italiques; celles des élèves en caractères droits.

Enseignant : — *Le sujet que nous allons aborder, c'est qu'est-ce que grandir, les avantages et les inconvénients de grandir. On va commencer par les avantages : à votre avis, est-ce qu'il y a des avantages à grandir ?*

Alice : — Les avantages, c'est qu'on va avoir une famille, on va avoir des enfants et c'est bien.

E : — *Donc voilà, pour toi c'est intéressant de grandir parce qu'on aura des enfants et une famille.*

Guillaume : — C'est bien de grandir aussi parce que quand on est petit on ne peut pas faire des choses qu'on peut faire quand on est grand, par exemple avoir le permis de conduire ou des trucs comme ça.

E : — *Alors, tu ne te contentes pas de donner des exemples comme avoir le permis de conduire mais tu définis un avantage : c'est de faire des choses qu'on ne pouvait pas faire avant.*

Jessica : — En fait grandir, c'est bien aussi parce qu'on évolue, parce que rester petit c'est bien aussi, mais il faut évoluer, donc il faut grandir.

E : — *Donc grandir ça permet d'évoluer, ça aussi c'est un argument intéressant.*

Paul : — En grandissant, on a des responsabilités.

E : — *Voilà une idée importante : grandir, c'est avoir plus de responsabilité, c'est un avantage ; mais vous pouvez aussi dire que c'est pas un avantage. On peut aussi contester les idées qui sont proposées. Pour le moment, on fait la liste des avantages, mais on peut ne pas être d'accord avec les avantages tels qu'ils sont énoncés.*

Carine : — Moi je trouve que quand on est tout petit on fait beaucoup de bêtises, et après quand on devient plus grand on a beaucoup plus de responsabilités.

Corentin : — On peut aussi apprendre, on découvre des choses, voilà.

E : — *Ça c'est une idée nouvelle, c'est-à-dire en grandissant on apprend beaucoup de choses.*

Margot : — C'est d'accord, grandir ça donne plein d'avantages, c'est-à-dire on peut faire plein de choses que quand on n'était pas petit. Mais quand on est grand, on prend beaucoup de responsabilités et c'est plus dur. Donc quand on est petit on a moins de choses à faire ; c'est plus dur la vie parce que là on a des choses qui nous tombent dessus, et jamais personne ; enfin si, on a des personnes, mais c'est plus difficile quand on est grand.

Julie : — Alors grandir, c'est qu'au début on est des enfants et quand on est grand on fait des choses qu'on ne faisait pas quand on était petit, et on a plus de responsabilités et on apprend et on découvre.

E : — *On a amorcé tout à l'heure une petite critique par rapport à cet avantage qui apparaît comme la responsabilité. Tu as même dit que grandir, précisément parce qu'on avait de la responsabilité, c'était un monde qui était plus difficile. Qu'est-ce que vous en pensez ? Est-ce que grandir, le fait que ça donne des responsabilités, c'est plutôt un avantage ou c'est plutôt un inconvénient ?*

Rémi : — Moi je suis plus en accord avec Margot parce que c'est vrai aussi, on découvre, mais c'est beaucoup dur aussi, comme a dit Margot, parce qu'on doit s'occuper de notre famille, on doit payer l'électricité plein de choses comme ça. C'est plus dur que quand on est enfant.

E : — *Donc toi tu insistes sur la responsabilité, mais pas seulement sur le fait qu'il y a des situations qui sont difficiles comme par exemple élever une famille ou payer, il faut gagner de l'argent par exemple etc., ce qui n'est pas le cas quand on est petit.*

Julie : — Ben c'est vrai qu'on a des responsabilités parce qu'on travaille, on gagne de l'argent, on ne vit plus aux dépens de ses parents, c'est nous qui payons ce qu'on a besoin.

E : — *Voilà un élément nouveau qui est très important, c'est que quand on grandit on devient beaucoup plus indépendant de ses parents, beaucoup plus indépendant donc de sa famille. Alors ça, est-ce que c'est une bonne chose, est-ce que c'est une mauvaise chose ?*

Alexandre : — Moi, je ne suis pas très d'accord avec Carine parce que quand on est petit c'est vrai on fait des bêtises, mais aussi quand on est grand il y a des gens aussi qui font des bêtises comme voler et plein de choses.

E : — *Oui, donc tu veux dire par-là que par rapport à l'argument qui était donné que quand on est petit on fait des bêtises et on en fait beaucoup moins quand on grandit, toi tu dis : il y a des grands aussi qui font des bêtises, et donc le fait de grandir par rapport au fait de faire des bêtises ou pas, c'est pas déterminant, voilà ton argument.*

Carine : — Alors Alexandre, c'est vrai ce que tu dis mais la plupart des gens ne font pas beaucoup de bêtises ils ne volent pas ou des choses comme ça. Moi je parlais en majorité, moi je parlais de la plupart des gens.

E : — *L'argument que tu reprends, c'est quand on grandit on a plus de responsabilités, donc on réfléchit beaucoup plus à ce qu'on va faire, et généralement on fait moins de bêtises. Ca n'empêche pas totalement les bêtises de grandir, mais ça peut permettre de les éviter, mais il y en a quand même qui en font. Voilà un petit peu où on en est.*

Rémi : — On a dit que c'est plus dur d'être grand parce qu'on s'occupe de la maison, on fait un métier et on paye tout ce qui nous entoure ; et on a dit aussi que quand on était petit on faisait des bêtises et que quand on est grand on en fait aussi mais, quand on est grand, on en fait moins.

E : — *Très bien*

Claire : — Quand on est petit et ben, on fait des petites bêtises mais quand on est grand on en fait moins souvent, mais des plus grosses.

E : — *Est-ce que tu peux préciser la différence qu'il y a entre une petite bêtise et une grosse bêtise ?*

Claire : — Par exemple, quand on est enfant on fait des petites bêtises comme on a pas fait son lit, on n'a pas rangé sa chambre ou alors euh des choses comme ça et quand on est grand on vole, des choses comme ça.

E : — *Il y a une distinction très intéressante, c'est que les bêtises des petits et les bêtises des grands ne sont pas exactement les mêmes. Les bêtises des grands apparaissent comme beaucoup plus graves, c'est ça ce que tu as dit ?*

Alice : — Rémi, il a dit que quand on est grand on fait un métier et c'est dur : mais je trouve qu'en fait si on fait un métier qui nous plaît, ça ne fait rien, c'est agréable à faire.

Le thème étant très général (« grandir »), l'animateur commence par le restreindre à une question plus précise et plus concrète (« les avantages à grandir »), afin de faciliter le démarrage de la discussion et l'expression des enfants. On voit qu'il s'applique à reformuler assez systématiquement ce que disent les élèves : cela semble parfois un peu formel (la reformulation peut être très proche de la formulation initiale), mais il faut bien voir que la reformulation ne vise pas seulement à clarifier une intervention confuse ou obscure. Elle est aussi une façon d'indiquer à l'élève qu'il est écouté et compris. A ce titre, même si elle ne semble pas apporter grand-chose au plan intellectuel, elle a une fonction affective d'encouragement qui est importante, que l'animateur exerce en apportant parfois une appréciation positive (« c'est un argument intéressant »).

La reformulation peut également être l'occasion de souligner la démarche intellectuelle d'un participant : l'intervention de Guillaume ne se contente pas de donner un exemple, mais il formule un argument sous la forme d'une idée générale (« Faire des choses qu'on ne peut pas faire quand on est petit »), l'exemple (« avoir le permis de conduire ») ne venant qu'à l'appui de cette idée générale.

L'animateur a aussi pour rôle de souligner les interventions qui apportent quelque chose de nouveau dans le débat, en introduisant un point de vue ou un argument qui n'a pas été jusqu'ici abordé : « Voilà une idée intéressante », « Ça c'est une idée nouvelle », « Voilà un élément nouveau qui est très important ».

Il sollicite cette nouveauté en suggérant des interventions d'un autre point de vue que celui qui prédomine dans les échanges : « On peut aussi contester les idées qui sont proposées. Pour le moment on fait la liste des avantages, mais on peut ne pas être d'accord avec les avantages tels qu'ils sont énoncés ». Cette sollicitation peut aller jusqu'à poser directement une question : « Qu'est-ce que vous en pensez ? Est-ce que grandir, le fait que ça donne des responsabilités, c'est plutôt un avantage ou c'est plutôt un inconvénient ? » Ou inviter un enfant à préciser ce qu'il a dit : « Est-ce que tu peux préciser la différence qu'il y a entre une petite bêtise et une grosse bêtise ? ».

Enfin l'animateur fait le point périodiquement. Il tente de résumer ce qui s'est dit, de surmonter le foisonnement des interventions pour dégager l'idée dominante, la thèse ou la question générale qu'expriment les échanges : « Ça n'empêche pas totalement les bêtises de grandir, mais ça peut permettre de les éviter, mais il y en a quand même qui en font. Voilà un petit peu où on en est ».

On peut résumer l'ensemble de ces modalités d'animation sous quatre grandes rubriques, donnant lieu chacune à quatre opérations intellectuelles possibles :

1) REFORMULER, si l'intervention d'un enfant est peu claire ou très longue. On peut reformuler pour :
- *conceptualiser.* Ex. : « Tu veux dire que la honte, c'est… » ; « Alors tu définis le bonheur comme… » ;
- *problématiser.* Ex. : « En somme, tu demandes pourquoi les hommes sont égaux ? »
- *argumenter.* Ex. : « Si je comprends bien, tu justifies le vol quand c'est pour sauver une vie ? » ;
- *interpréter.* Ex. : « D'après toi, Yakouba il est courageux ? ».

2) QUESTIONNER si le débat « tourne en rond », se borne à accumuler des exemples, répète les mêmes idées. On peut questionner pour :
- *conceptualiser.* Ex. : « Qu'est-ce que ça veut dire, être humilié ? » ;
- *problématiser.* Ex. : « Est-ce que c'est bien de dire toujours la vérité ? » ; « Est-ce qu'on peut à la fois changer et ne pas changer ? » ;
- *argumenter.* Ex. : « Ton argument est-ce qu'il est valable si… » ;
- *interpréter.* Ex. : « Pourquoi dis-tu que Yakouba est courageux ? »

3) OBJECTER si tout le groupe défend une seule position. On peut objecter pour :

- *conceptualiser.* Ex. : « Oui, mais la honte, on peut aussi l'éprouver tout seul » ;
- *problématiser.* Ex. : « Ta question, elle ne se pose pas pour ceux qui… » ;
- *argumenter.* Ex. : « Oui, mais…(réserve ou objection) » ;
- *interpréter.* Ex. : « On pourrait dire qu'il est lâche puisqu'il ne tue pas le lion ».

4) SYNTHÉTISER, STRUCTURER deux à trois fois dans la séance (et à la fin de la discussion). On peut le faire pour :

- *conceptualiser.* Ex. : « Donc, vous avez dit qu'il y a deux sortes de changements » ;
- *problématiser.* Ex. : « Au cours du débat, vous avez posé trois questions importantes » ;
- *argumenter.* Ex. : « Vous avez donné trois grandes raisons pour désirer grandir » ;
- *interpréter.* Ex. : « Donc on peut interpréter la conduite de Yakouba de deux façons ».

CONCLURE

Il n'est pas toujours facile de conclure une discussion, surtout si de nombreuses questions demeurent encore en suspens.

Pour faciliter l'élaboration de la conclusion – éventuellement provisoire – on peut s'inspirer de la grille ci-dessous, qui récapitule les principaux aspects sous lesquels les acquis d'une discussion peuvent être résumés.

Grille de synthèse d'une discussion philosophique

1. Les notions que nous avons définies ou précisées (*conceptualisation*)
2. Les thèses que nous avons retenues (ou rejetées) et qui font consensus (*énonciation*)
3. Les principales raisons que nous avons avancées pour justifier ces thèses (ou pour les rejeter) (*argumentation*)
4. Les questions (ou désaccords) qui restent en suspens (*problématisation*)
5. Ce que nous avons mieux compris, approfondi, saisi dans les comportements, les discours, les textes, les documents que nous avons étudiés (*interprétation*)

CHAPITRE X

DE LA PAROLE A L'ÉCRITURE

Les discussions philosophiques, comme le nom même l'indique, sont de nature orale : on parle, on échange sur un problème d'intérêt commun. Mais le paradoxe est que la philosophie, au sens canonique du terme, est un genre écrit : les « grands philosophes » ont laissé une œuvre écrite, même si par ailleurs ils ont participé de leur vivant à des débats oraux et que certaines de leurs œuvres se présentent sous la forme de dialogues – ce qui ne les empêche pas d'être très écrits.

C'est que ce qu'on appelle « philosophie » possède au moins deux significations. Ce peut être d'abord réfléchir à une question précise (« Qu'est-ce qu'être libre ? », « Pourquoi parle-t-on ? », etc.). On prend alors cette question « à bras le corps », on essaye de la considérer en elle-même et pour elle-même, en remontant aux fondements et aux finalités premières de ce qu'on entend par être libre ou parler. On dira alors qu'on « fait de la philosophie ». En ce sens, tout le monde est philosophe ou du moins invité à l'être.

Mais lorsqu'on parle de la « philosophie » de Platon, Descartes ou de Kant, on entend autre chose. Ces auteurs ne se sont pas contentés d'exposer une réflexion sur l'amour, la liberté ou le devoir moral. Ils ont développé une conception d'ensemble du monde, de l'homme et de l'existence à partir de laquelle s'explique ce qu'ils ont à dire sur ces questions particulières. Que cette conception prenne la forme d'un système organisé et charpenté de manière quasi mathématique, comme chez Descartes ou Spinoza, ou bien qu'il ait une allure plus souple, plus chaotique, plus hésitante, avec des repentirs, des hésitations, des fluctuations, comme chez Platon ou Nietzsche, dans les deux cas se manifeste une même volonté de *totalisation*, c'est-à-dire un souci de réflexion globale, qui lie ensemble tous les aspects, tous les phénomènes ou problèmes de l'existence pour tenter de les rapporter à une vision unique et cohérente. On parlera alors de la « philosophie » de l'auteur, on dira de tel ou tel qu'il « a une philosophie », par exemple qu'il est cartésien, kantien, marxiste, ou sartrien.

Entre ces deux significations il n'y a pas de coupure radicale. Tout le monde commence par « faire de la philosophie », c'est-à-dire par penser et réfléchir sur des questions précises, ponctuelles. Mais seuls certains passent progressivement de cette pratique de *la* philosophie à l'élaboration d'*une* philosophie, c'est-à-dire d'une conception globale de l'existence, cohérente et systématique. Des auteurs comme Montaigne restent à mi-chemin. On trouve dans les *Essais* une multitude de réflexions éparpillées et désordonnées sur les sujets les plus divers – l'amour, le pouvoir, l'éducation, l'enfance, la vieillesse, la guerre, etc. – et on peut, à partir d'elles, dégager « la philosophie de Montaigne ». Mais elle n'a pas le même degré de systématicité et de cohérence que la philosophie de Kant ou de Hegel, par exemple.

Dans le cas des participants à un atelier ou une classe de philosophie, il est évident qu'il faut commencer par « faire de la philosophie » avec eux, ce qui débute par la discussion orale. Prendre conscience que des notions évidentes ne le sont pas tant que cela, acquérir le goût et l'habitude de réfléchir, cela implique une confrontation directe qu'on ne trouve que dans et par la parole vive. Ceci vaut pour les jeunes enfants, mais aussi pour les élèves des classes terminales des lycées : la dissertation et le cours magistral (qui n'est qu'une dissertation orale) ne devraient jamais être la première façon d'aborder la réflexion philosophique personnelle. Ils devraient toujours être précédés d'une phase de discussions ou d'ateliers qui donneront sens à l'écriture comme continuation, approfondissement et formalisation d'une pensée d'abord collectivement et contradictoirement élaborée.

Mais, dès le plus jeune âge, il n'est pas inconcevable de commencer à passer de *la* philosophie à l'élaboration d'*une* philosophie personnelle. A partir de la confrontation des croyances et des représentations sur une question ou une notion particulière, on tend vers une conception cohérente et globale du monde. Assurément, on n'attend pas d'un enfant ou d'un lycéen qu'il élabore un traité de philosophie à la manière des *Méditations* de Descartes ou de la *Critique de la raison pure* de Kant. Mais il est inévitable – et c'est ce que l'on constate souvent – qu'à force de discuter de questions précises, l'enfant, l'adolescent ou l'adulte s'aperçoivent qu'elles ne sont pas isolées, que les réponses données à l'une d'elles prédéterminent celles qui seront données à une autre, ou que spontanément ils glissent d'un problème à un autre, d'une pensée à une autre.

Or ceci ne peut se faire que par le passage à l'écriture. Une discussion ou un débat est l'occasion de préciser sa pensée sur tel point, de la confronter à celle des autres, de la modifier en la mettant à l'épreuve de la critique des autres. Mais ce qui s'établit alors peu à peu, c'est l'habitude d'un *dialogue* intérieur, d'une discussion avec soi. A force de débattre avec les autres, on en vient à intérioriser la pratique du débat, à se dédoubler pour jouer soi-même, dans son for intérieur, la multiplicité des points de vue que l'on rencontre d'abord au dehors, dans l'expérience du contact avec les autres. Cette *intériorisation du dialogue* est ce que Hannah Arendt appelle la *consciousness*. Elle l'identifie avec la pensée même (distincte de l'intelligence) et la met au fondement de la conscience au sens moral du terme :

> L'activité de penser en elle-même, l'habitude de tout examiner et de réfléchir à tout ce qui arrive, sans égard au contenu spécifique et sans souci des conséquences, cette activité peut-elle être de nature telle qu'elle « conditionne » les hommes à ne pas faire le mal? Le mot même de con-science semble bien l'indiquer [1].

Dans et par l'exercice de la pensée, « l'*ego*, le je-suis-moi, fait l'expérience de la différence dans l'identité, précisément lorsqu'il ne se rapporte pas aux choses qui apparaissent, mais à lui-même seulement » [2]. Socrate aussi bien que Richard III, dans son monologue après le crime qu'il a commis, « ne sont pas seulement en rapport avec les autres, mais aussi avec eux-mêmes »; et cette « autre conscience » « n'est jamais présente quand ils ne sont pas seuls ».

Tel est le paradoxe de la pensée : elle ne peut être découverte que dans et par le contact avec autrui; mais elle ne peut se développer ensuite que dans et par la solitude. Or, l'écriture est précisément cette activité qui, au contraire de la parole, implique la solitude, intériorise le dialogue. Pour écrire, il faut se retirer, s'abstraire du bruit et de l'agitation ambiante; mais en même temps l'écriture instaure et exprime une sorte d'agitation intérieure. Elle constitue un *dialogue différé*, puisque, lorsqu'on écrit, c'est toujours plus ou moins en vue d'être lu, même si c'est plus tard ou – dans le cas d'un journal intime – pour un lecteur encore indéterminé.

Il est donc important que les participants à un atelier ou une classe de philosophie, quel que soit leur âge, fassent l'expérience du passage de la pensée dialoguée à la pensée écrite, du dialogue extérieur au dialogue intérieur. Ce passage ne saurait être commandé, et encore moins imposé; il faut qu'il soit spontané, sous peine de se transformer en exercice scolaire qui est aux

1. Hannah Arendt, *Considérations morales*, Paris, Rivages poche, p. 27.
2. *Ibid.*, p. 66.

antipodes de la *consciousness* telle que l'entend Arendt. C'est pourquoi dans certaines classes l'enseignant propose aux élèves de tenir un « cahier de philosophie » où ils consignent librement ce qu'ils retiennent des débats et discussions, les pensées qui leur viennent à cette occasion ou en dehors. La règle est que ce cahier appartient à l'élève et que personne, pas même l'enseignant, ne saurait le lire sans son consentement.

Pour favoriser ce passage à l'écriture, on peut proposer en guise de conclusion, à l'issue d'un atelier philo, la rédaction de textes libres philosophiques : ceux qui le souhaitent sont invités à écrire des textes sur le thème qui vient d'être réfléchi collectivement. Les textes ainsi produits peuvent être lus ou affichés par leurs auteurs – seulement, ici encore, s'ils en sont d'accord.

On peut également proposer cette écriture de textes avant le démarrage de l'atelier ou de la discussion. Cela ne saurait évidemment se faire dans un groupe novice, s'il s'agit d'une des premières séances de philo. Il faut déjà avoir une certaine pratique de la réflexion philosophique pour transposer dans l'écrit ce qu'on a d'abord fait oralement. On trouvera, dans la fiche « Liberté et autonomie », trois exemples de textes écrits par des enfants qui ont donné lieu ensuite à discussion.

CHAPITRE XI

PHILOSOPHER DANS LES CLASSES TERMINALES DES LYCÉES

Le développement considérable des ateliers philosophiques dans les écoles et les collèges ou athénées fait que de plus en plus d'élèves arriveront dans les classes terminales des lycées en ayant déjà pratiqué la réflexion philosophique. Comme le dit Jean-Luc Nancy dans la préface du présent ouvrage, ils supporteront de plus en plus mal que la philosophie y soit réduite à l'enseignement magistral d'un cours et à l'exercice intermittent de la dissertation ou du commentaire de texte, ce qu'elle était il y a un siècle pour des élèves issus des « élites » de la société.

C'est pourquoi les professeurs de philosophie des lycées ont tout intérêt à diversifier les formes d'exercice du philosopher dans leurs classes. Ce faisant, ils ne feront que se conformer aux instructions officielles qui régissent cet enseignement.

En effet, les recommandations de l'Inspection générale française de philosophie, actualisées en janvier 2016, prescrivent de « diversifier les exercices écrits et oraux », qui permettent « d'expliciter et d'interroger le sens et la portée des contenus enseignés ».

Toutes les fiches qui composent ce recueil concernent des notions figurant au programme des classes de terminale des lycées français. C'est le cas des fiches sur la justice, la liberté, le bonheur, la religion, le travail. La fiche sur la solitude s'inscrit dans le cadre de la notion d'autrui; celles sur la mort et sur les âges de la vie dans le cadre de « l'existence et le temps ». La fiche « Qui suis-je ? » s'inscrit dans la rubrique « le sujet ».

Ces fiches peuvent également entrer dans le programme du nouveau cours de philosophie et citoyenneté en Belgique : l'introduction de cet ouvrage peut servir de socle à l'UAA (Unité d'Acquis d'Apprentissage) « sens et interprétation ». Les fiches sur la justice, la liberté, la religion correspondent aux UAA « liberté et responsabilité », « justice » et « conviction, religion, politique » du programme du 3 e cycle. Toutes les fiches rentrent également dans le programme du fondamental (primaire) et du premier cycle du secondaire : soit en référence aux socles de compétences (ainsi la fiche « Qui suis-je ? » rencontre-t-elle parfaitement la compétence « se connaître soi-même et s'ouvrir aux autres »), soit en références aux notions à travailler (ainsi des fiches justice, bonheur, travail), soit encore en référence aux visées générales du cours, lequel doit permettre de penser les questions existentielles tout autant que les événements tragiques susceptibles de marquer les enfants (la fiche sur la mort, par exemple).

Dans les activités à dominante interprétative, *les exercices de photolangage* permettent de procéder à « l'élaboration de concepts » en explorant toutes les facettes d'une notion et en invitant à préciser leurs champs de validité. Les *analyses de textes, de poèmes ou de chansons* contribuent à étayer les analyses conceptuelles sur des œuvres et pratiques culturelles. En effet, « l'exercice du jugement n'a de valeur que pour autant qu'il s'applique à des contenus déterminés et qu'il est éclairé par les acquis de la culture » [1].

Dans les activités à dominante argumentative, les *choix d'énoncés* invitent à « exposer et discuter une thèse pertinente

1. Programme français d'enseignement de la philosophie en classe terminale des séries générales, Présentation, I. 1, BOEN n° 25 du 19 juin 2003.

par rapport à un problème bien défini » [1]. Les *dilemmes moraux* consistent à « introduire un problème » [2] pour en explorer tous les aspects. Quant aux *débats et discussions*, qu'ils soient oraux ou qu'ils passent par des dispositifs écrits comme le « trois colonnes [3] » ou des textes écrits avant, pendant ou après la discussion [4], ils permettent « d'introduire à un problème, de mener ou analyser un raisonnement, d'apprécier la valeur d'un argument » [5].

Ces activités constituent donc d'excellents entraînements à la dissertation. Du reste, les professeurs de philosophie de terminale qui les ont pratiquées témoignent qu'ils ont permis, non seulement d'intéresser et de motiver leurs élèves à des questions souvent ardues, mais aussi de leur redonner le goût de l'écriture ; leurs résultats au baccalauréat en témoignent.

Ces activités peuvent aussi être pratiquées par les lycéens entre eux, pour leur permettre de se préparer à l'épreuve de l'examen. Trouver des idées, les organiser, les argumenter, les illustrer par des exemples pertinents tirés de la culture littéraire, artistique ou quotidienne, être capable d'interpréter philosophiquement un phénomène social, politique, artistique, technologique, religieux – ce sont là des compétences sans lesquelles il n'y a pas de bonne dissertation possible. Il est donc de l'intérêt des élèves comme des professeurs de travailler ces compétences par des activités spécifiques avant de les conjuguer dans l'exercice complexe que constitue la dissertation.

1. *Ibid.*, III.

2. *Ibid.*

3. *Cf.* Jean-Charles Pettier, « Prendre en compte l'élève, un travail oral collectif par la mise en débat », dans *Philosopher, tous capables*, GFEN secteur philosophie, Chronique Sociale, 2005, p. 221-229.

4. *Cf.* des exemples d'écrits en primaire dans la fiche n° 7.

5. Programme d'enseignement de la philosophie en classe terminale, Présentation, III.

L'utilisation régulière de la grille d'aide à la production de questionnements philosophiques que nous proposons au chapitre IX est également un moyen d'enrichir le contenu des questionnements à propos d'une notion ou d'un problème. En confrontant celui-ci à un certain nombre d'oppositions classiques (corps/esprit, nature/culture, etc.) elle permet de s'approprier tout naturellement les « repères » que les instructions officielles recommandent de développer tout au long de l'année [1]. Par son caractère transversal, elle constitue à la fois un instrument de recherche d'idées et de vérification qu'aucun champ, aucune problématique n'ont été oubliés. Ici encore, ceux qui l'ont utilisée s'en sont généralement bien trouvés pour progresser dans l'art de la dissertation.

Afin de faciliter l'application des activités proposées au contexte spécifique des classes de philosophie en terminale, on trouvera, à la fin de chaque fiche, un encart intitulé « Philosopher en terminale ». Nous avons essayé de rassembler dans cet espace, d'une manière aussi condensée que possible, quelques recommandations propres au public particulier de ces classes. Bien évidemment, ces indications sont succinctes et chacun pourra les compléter comme il l'entend.

1. Programme d'enseignement de la philosophie en classe terminale, Présentation, I. 1.2

FICHES PÉDAGOGIQUES [1]

1. On trouvera à la fin de chaque fiche une brève bibliographie du thème. Elle est trop succincte pour prétendre à la moindre exhaustivité. Nous avons privilégié le plus souvent des ouvrages courts, de lecture aisée, sans vocabulaire technique, et comportant déjà une présentation synthétique du sujet et de ses grandes problématiques, ainsi qu'une bibliographie plus complète.

Lorsque de grandes œuvres d'auteurs répondaient à ces critères, nous les avons indiquées, afin que l'animateur se confronte le plus souvent possible aux textes mêmes de la philosophie et non pas simplement à des ouvrages de seconde main ou de vulgarisation.

FICHE N° 1 : LE JUSTE ET L'INJUSTE

ENJEUX ET QUESTIONNEMENTS

« C'est pas juste ! » est une exclamation qui surgit très souvent dans la bouche des enfants, mais aussi des adultes. Elle exprime un sentiment de révolte spontané, quasi instinctif, contre une situation, un acte, un comportement appréhendés comme inacceptables.

Ce terme apparaît fortement polysémique dans l'usage courant qui en est fait, comme en témoignent les citations suivantes extraites de débats entre enfants.

1) *Est d'abord injuste ce qui transgresse les lois, les règles en vigueur*, à commencer par le code de la route. « Par exemple si on ne respecte pas les panneaux sur la route et qu'on se fait arrêter ». Le juste est ici lié au respect des interdits reconnus ; l'injuste, à une transgression manifeste, immédiatement sanctionnée (« on se fait arrêter »).

2) *Mais l'injustice est aussi très souvent liée à l'idée d'une punition inappropriée, qui frappe un innocent.* « Par exemple, Emmanuel a un petit frère qui fait une bêtise, et après il dit : non, c'est pas moi, c'est Emmanuel ». C'est une situation que tout le monde a vécue un jour ou l'autre : être sanctionné pour une faute qu'il n'a pas commise. Ici, l'injustice ne concerne plus la désobéissance à une autorité, elle concerne l'autorité elle-même, qui peut se tromper, qui est mise en cause, contestée dans sa prétention à l'infaillibilité.

3) *La signification distributive de la justice* apparaît dans des énoncés comme celui-ci : « S'il y a des gens qui ont zéro sou et qu'il y a des riches, il y en a qui ont presque tout et qui se moquent des pauvres, c'est ça l'injustice ». Le sentiment de justice ou d'injustice est alors centré sur ce contraste entre l'extrême richesse des uns et l'extrême pauvreté des autres.

4) *Un degré de plus est franchi lorsqu'on identifie l'injustice au mal, à la violence, au crime contre les personnes.* « L'injustice ça veut dire que c'est mal, par exemple tu tues quelqu'un ». A l'idée de transgression d'un interdit s'ajoute alors celle d'une volonté de détruire, d'agresser, d'humilier, de dégrader. Par opposition, le juste signifie le souci de vivre en paix, de coexister harmonieusement avec les autres en les respectant.

Il y a ainsi *un sens large de la justice* qui tourne autour des questions de conformité à des exigences reconnues valides ou légitimes; et *un sens plus restreint* qui concerne le respect des normes juridiques et morales. Il peut être utile de se demander ce qui différencie ces deux emplois du mot « juste ».

Il y a également la différence entre « juste » au sens intellectuel et au sens moral. Les enfants l'observent souvent spontanément : « Il y a juste quand on fait des mathématiques et qu'on a juste, et il y a juste quand on respecte les lois de la justice et de la police ». Pour approfondir cette différence, on peut demander d'indiquer le contraire de « juste » dans chaque cas. Dans le premier cas, c'est « faux »; dans le second, c'est « méchant », « injuste », etc. Ce peut être l'occasion d'une réflexion sur la culpabilité : doit-on se sentir « coupable » de n'avoir pas trouvé la réponse juste à une question ou un problème? Assurément non : on ne peut se sentir coupable que dans le domaine moral, celui du bien et du mal, non dans celui du vrai et du faux. Alors, qu'est-ce qui fait que pourtant certains élèves ressentent de la culpabilité à n'avoir pas donné la bonne réponse aux exercices scolaires?

Reste à *s'interroger sur les critères du juste* dans l'un et l'autre cas. Comment reconnaît-on que la solution d'une opération mathématique est « juste » ? Les enfants répondront peut-être que c'est le maître qui le dit. Mais en les poussant dans leurs derniers retranchements, il est possible qu'ils parviennent à cette remarque : « On peut vérifier ». En revanche, qu'est-ce qui prouve qu'un acte, un comportement est « juste » ? Là aussi, ce peut être d'abord l'avis du maître ou des parents. Mais en s'appuyant sur des exemples de punitions injustes infligées par le maître ou les parents, on peut arriver à la constatation que la vérification n'est pas aussi facile, et que dans certains cas il peut y avoir désaccord, donc nécessité de discuter pour dégager un consensus.

Ceci conduit à un autre questionnement, cette fois spécifique à la justice au sens moral. *La justice existe-t-elle dans la nature ou est-elle spécifique aux hommes ?* Peut-on dire qu'un tremblement de terre ou un tsunami qui tue des milliers de personnes innocentes est « injuste » ? Un enfant remarque : « Les animaux, ils ne se tuent que quand ils ont faim, pour manger, alors que les hommes ils se tuent tout le temps, pour rien ». Ici l'élève appréhende le fait que chez l'animal la violence est régulée par l'instinct, qui permet la préservation des espèces, alors que chez l'homme la violence est pour ainsi dire gratuite, délibérée – donc condamnable.

De telles remarques fournissent des éléments pour répondre à la question. *La justice apparaît comme la condition même de l'existence des hommes* du fait que l'homme se caractérise par une capacité de violence infinie, non limitée ou régulée. Mais elle apparaît aussi comme un des aspects, précisément, par lesquels l'homme se distingue de l'animal et organise sa vie non d'après ses instincts, mais par un accord raisonné et débattu ensemble – ce qu'on appelle la politique (*cf.* Aristote : « L'homme est un animal politique »). Sans politique il n'y aurait pas de justice : voilà qui disqualifie les populismes qui critiquent les politiques au nom d'une justice supposée évidente et immanente.

On peut, à partir de là, *se pencher sur les critères de la justice*. Qu'est-ce qui permet de dire qu'une action, une décision, une situation est juste ou injuste? Cette réflexion débouchera sur plusieurs critères possibles : les besoins, le mérite, les compétences, l'égalité arithmétique stricte, etc.

Mais les critères objectifs – le code pénal, le code des impôts, les règles régissant l'héritage, etc. – ne suffisent pas à régler toutes les situations. Dans la vie quotidienne, il y a *un sens commun de la justice* qui est souvent implicite; sans parler des pratiques qui consistent, comme l'a bien montré Patrick Pharo, à « s'en remettre à la justice d'autrui » pour régler des litiges qui risqueraient de dégénérer sans cela. C'est là que les activités interprétatives peuvent constituer une approche pertinente, plus fine que la démarche argumentative.

Enfin, la réflexion peut s'orienter vers *le problème de savoir comment faire régner la justice.* La réponse spontanée des enfants comme des adultes est presque toujours le recours à l'autorité : c'est le maître (dans la classe), ce sont les parents (dans la famille), c'est la police (dans la rue, le quartier), c'est le gouvernement ou l'institution judiciaire (dans la nation), qui sont responsables et qu'on accuse parfois de favoriser ou tolérer les injustices. Mais l'autorité apparaît souvent impuissante ou insuffisante. Ce qui peut conduire à évoquer d'autres solutions : le recours à des tiers arbitres (médiation), le débat organisé et argumenté, la mise en place d'institutions régulatrices (le conseil à l'école, les jurys citoyens dans la société, etc.), et dans le domaine politique, la séparation des pouvoirs.

ACTIVITÉS À DOMINANTE INTERPRÉTATIVE

1. *Photolangage*

Les images suivantes seront présentées sans commentaires, sauf quelques explications pour situer le contexte de chacune d'elles. On demandera aux participants de choisir celle qui correspond le mieux à leur conception de la justice.

1

2

3

4

1. L'arbitre Sergei Ivanov
2. Honoré Daumier, « Un avocat qui est évidemment totalement convaincu … »
3. Dr. Martin Luther King
4. Nicolas Poussin, *Le jugement de Salomon*
5. *Superman* Dessin

5

Une fois les choix exprimés et justifiés, on pourra dégager ensemble les principaux sens qu'ils expriment :

1) **Arbitre de foot** :

– le sifflet : *la justice comme sanction, punition*;

– le bras levé : *idée d'autorité, supérieure et neutre*;

– la partie de football : *sans arbitre (= sans justice neutre et indépendante), le jeu de foot ne serait pas possible ; idée de la justice comme contrat, arbitrage accepté d'un commun accord*;

2) **Un avocat** :

– l'avocat en pleine plaidoirie : *justice identifiée à la chicane (expliquer ce mot), aux conflits et querelles interminables ; éloquence judiciaire*

– les avocats en robe, les juges en toque : *cérémonial compliqué et mystérieux, loin de la vie quotidienne.*

3) **Martin Luther King en meeting** :

– foule assemblée avec pancartes et banderoles : *la justice comme lutte pour des valeurs partagées*;

– salut à la foule : *combat pacifique et non-violent.*

4) ***Le jugement de Salomon*** :

(rappeler l'histoire du « jugement de Salomon »)

– Le roi Salomon au centre, sur un piédestal dominant la scène : *solennité, majesté de l'autorité rendant la justice*;

– les deux femmes en position symétrique par rapport au roi : *image de la justice comme équilibre (les plateaux de la balance)*;

– les spectateurs effrayés ou émus : *la justice concerne tout le monde et suscite des passions vives (indignation, pitié, etc.).*

5) **Superman** :

– le personnage de Superman lui-même : *idée d'une justice immédiate, rapide, instantanée, « expéditive », sans procédures longues et laborieuses*

– sa posture (il vole, poing en avant) : *personne n'est à l'abri de son action*;

– sa musculature et sa jeunesse : *identification de la justice et de la puissance; idéal d'une justice immanente, c'est-à-dire qui triomphe sans avoir besoin d'une autorité sociale ou divine.*

On pourra relever que dans toutes les images, le personnage principal fait un *geste* du bras. Il sera intéressant d'essayer d'analyser le sens de ce geste dans chaque situation : le bras levé de l'arbitre dans un match, le bras tendu de l'avocat dans un procès, le bras de Martin Luther King en direction de la foule, les bras écartés vers le bas du roi Salomon, le bras au poing fermé prêt à frapper de Superman. Certains gestes ont le sens d'une annonce (l'index pointé de l'arbitre); d'autres le sens d'une accusation ou d'une indignation (le bras avec l'index pointé de l'avocat); d'autres le sens d'un salut (MLK); d'autres le sens d'une exhortation ou d'une invitation au calme, au dialogue, à l'écoute (Salomon); d'autres enfin le sens d'une menace (Superman). A chaque fois ces nuances s'expriment par d'infimes détails : la courbure du bras, son degré d'élévation ou d'abaissement, les mains ouvertes ou fermées, l'angle de la représentation (de face ou de profil), etc.

2. *Analyse de texte*

Parabole du fils prodigue

Un homme avait deux fils. Le plus jeune dit à son père : mon père, donne-moi la part de bien qui doit me revenir. Et le père leur partagea son bien. Peu de jours après, le plus jeune fils, ayant tout ramassé, partit pour un pays éloigné, où il dissipa son bien en vivant dans la débauche.

Lorsqu'il eut tout dépensé, une grande famine survint dans ce pays, et il commença à se trouver dans le besoin. Il alla se mettre au service d'un des habitants du pays, qui l'envoya dans ses champs garder les pourceaux. Il aurait bien voulu se rassasier des caroubes que mangeaient les pourceaux, mais personne ne lui en donnait.

Étant rentré en lui-même, il se dit : Combien de mercenaires chez mon père ont du pain en abondance, et moi, ici, je meurs de faim ! Je me lèverai, j'irai vers mon père, et je lui dirai : Mon père, j'ai péché contre le ciel et contre toi, je ne suis plus digne d'être appelé ton fils ; traite-moi comme l'un de tes mercenaires.

Et il se leva, et alla vers son père. Comme il était encore loin, son père le vit et fut ému de compassion, il courut se jeter à son cou et le baisa. Le fils lui dit : Mon père, j'ai péché contre le ciel et contre toi, je ne suis plus digne d'être appelé ton fils. Mais le père dit à ses serviteurs : Apportez vite la plus belle robe, et l'en revêtez ; mettez-lui un anneau au doigt, et des souliers aux pieds. Amenez le veau gras, et tuez-le. Mangeons et réjouissons-nous ; car mon fils que voici était mort, et il est revenu à la vie ; il était perdu, et il est retrouvé. Et ils commencèrent à se réjouir.

Or, le fils aîné était dans les champs. Lorsqu'il revint et approcha de la maison, il entendit la musique et les danses. Il appela un des serviteurs, et lui demanda ce que c'était. Ce serviteur lui dit : ton frère est de retour, et, parce qu'il l'a retrouvé en bonne santé, ton père a tué le veau gras. Il se mit en colère, et ne voulut pas entrer. Son père sortit, et le pria d'entrer. Mais il répondit à son père : voici, il y a tant d'années que je te sers, sans avoir jamais transgressé tes ordres, et jamais tu ne m'as donné un chevreau pour que je me réjouisse avec mes amis. Et quand ton fils est arrivé, celui qui a mangé ton bien avec des prostituées, c'est pour lui que tu as tué le veau gras !

Mon enfant, lui dit le père, tu es toujours avec moi, et tout ce que j'ai est à toi ; mais il fallait bien s'égayer et se réjouir, parce que ton frère que voici était mort et qu'il est revenu à la vie, parce qu'il était perdu et qu'il est retrouvé ».

Évangile selon Saint Luc, chap. 15, versets 11 à 32.

Cette parabole évangélique présente l'intérêt de poser directement le problème des limites de la justice. En effet l'attitude du père est choquante du point de vue de la justice : il célèbre une fête et tue le veau gras pour le retour de son cadet qui a fait plein de bêtises et dilapidé son héritage, alors qu'il ne l'a jamais fait pour son aîné resté travailler auprès de lui.

On pourra donc se demander pourquoi il commet cette injustice. La réponse habituelle est : par amour. Mais cette réponse n'est pas satisfaisante : si justice et amour s'opposent, de quel droit privilégier le second plutôt que la première? En général, dans les familles, lorsque les parents (ou l'un des parents) manifeste une préférence trop marquée pour un enfant par rapport à l'autre ou aux autres, on désapprouve cette attitude. On la considère comme inappropriée, dommageable à la fois pour les enfants et pour les parents eux-mêmes. D'ailleurs beaucoup de « querelles de famille » et de rancœurs familiales ont pour origine ce genre de préférence plus ou moins avouée.

L'expérience prouve que lorsque cette parabole est donnée à discuter dans des groupes comprenant aussi bien des croyants que des non croyants, l'attitude du père, malgré des siècles de catéchèse, n'est pas toujours comprise ni approuvée! Est-ce l'amour qui doit limiter l'exigence de justice ou bien n'est-ce pas plutôt l'inverse? Peut-on, au nom de l'amour, faire n'importe quoi, y compris les injustices les plus flagrantes?

On pourrait objecter que, dans l'histoire que narre la parabole, le fils aîné n'est pas lésé. Il a sa part d'héritage, et la fête ne diminue en rien l'affection que lui porte son père. Et pourtant il vit cela comme une injustice intolérable. Il n'y a pas de dommage matériel, mais si « l'homme ne vit pas seulement de pain », il ne vit pas non plus que d'amour : il a aussi besoin de respect, d'estime, de reconnaissance, et cela passe par une certaine égalité morale et pas seulement matérielle.

Dans certains groupes, la discussion a porté sur ce qu'aurait pu ou dû faire le père pour rendre la fête acceptable par son fils aîné. Des suggestions ont été avancées : associer le fils aîné à l'accueil de son cadet, organiser un dialogue entre eux avant de décider de la fête, ou encore indiquer hautement que la fête est en l’honneur des deux et non du seul fils prodigue. On est là dans la perspective du « *sens de la justice* » étudié par certains sociologues, qui va bien au-delà du *concept* de justice au sens habituel du terme.

3. *Discussion autour d’un poème*

Le chat

Le mien ne mange pas les souris; il n’aime pas ça. Il n’en attrape que pour jouer avec.

Quand il a bien joué, il lui fait grâce de la vie, et il va rêver ailleurs, l’innocent, assis dans la boucle de sa queue, la tête bien fermée comme un poing.

Mais à cause des griffes, la souris est morte…

On lui dit : « Prends les souris et laisse les oiseaux ! »

C’est bien subtil, et le chat le plus fin quelquefois se trompe…

Jules Renard, *Histoires naturelles* (1894)

Commentaire

On pourrait se demander en quoi ce poème concerne la question de la justice. Contrairement aux fables de La Fontaine, il n’est question ici ni de jugement à rendre (comme dans *Les animaux malades de la peste*), ni de répartition à opérer, ni même, comme dans *Le loup et l’agneau*, de crime habillé par les fausses raisons d’une justice au service du plus fort.

Le chat de Jules Renard est un chat gentil, débonnaire : il n’aime pas manger les souris ! S’il les attrape, c’est dans un but au premier abord tout à fait légitime : « jouer avec ». Après tout, le jeu est un plaisir réciproque. Même si la souris est un peu forcée d’y participer, ce pourrait être finalement agréable pour elle aussi, pour autant qu’elle devine que le chat ne la mangera pas, et même qu’il la libérera à la fin.

Et pourtant, au final, c'est un drame : « la souris est morte ». Est-ce un crime? En un sens oui, puisque l'auteur en est connu : c'est le chat qui l'a tuée avec ses griffes. Qu'il n'ait pas eu l'intention de donner la mort peut être une circonstance atténuante, mais en aucun cas un motif de non-lieu dans le droit pénal français.

Le chat – ou son avocat – a néanmoins des raisons à faire valoir. Ses intentions étaient pures, et même généreuses : il voulait s'amuser, et partager son plaisir avec un partenaire, en l'occurrence la souris (c'est plus amusant de jouer à deux que tout seul !). Il n'a eu aucune volonté homicide, bien au contraire : il souhaitait passer un bon moment avec la souris. Tout au plus pourrait-on l'accuser d'homicide par imprudence. Mais pour être imprudent, il faut connaître les risques; or comment pouvait-il savoir que la souris était si fragile?

Avec des enfants, des adolescents ou des adultes, on pourra (se) poser les questions suivantes :

– Le chat est-il innocent ou coupable? Qu'est-ce qui est le plus juste : le condamner ou l'absoudre?

– Peut-on considérer que de bonnes intentions suffisent pour ne pas commettre de faute envers les autres?

– Si les bonnes intentions ne suffisent pas, que faut-il de plus?

– « Je ne savais pas » est une excuse souvent invoquée pour se faire pardonner un dommage causé à autrui. Jusqu'à quel point « savoir » est-il un devoir? De quel(s) savoir(s) s'agit-il exactement? A quelles conditions l'ignorance est-elle excusable?

Il serait intéressant, à la suite de la discussion sur ce poème, de rechercher des situations de la vie quotidienne qui ressemblent à la situation qu'il met en scène.

La réflexion autour de ces questions relève d'une discussion interprétative et non argumentative : car ce qui est en jeu, c'est moins un acte objectif (susceptible de sanction pénale à partir de critères précis) que des intentions, des désirs, des affects. Le chat exprime un désir de convivialité qui en soi est louable : mais ce qui cause le drame, c'est l'absence de communication entre lui et la souris. Tout tourne autour d'un malentendu : ce qu'il vit comme un jeu ne l'est pas pour la souris. Ce qui serait parfaitement innocent et même moralement positif (jouer ensemble) devient une faute, et même un crime, parce qu'il n'y a pas de langage commun. On voit bien, ici comme précédemment, que la justice ne tient pas à des concepts objectifs (égalité, besoin, dommage, etc.) mais à des significations plus ou moins partagées.

Activités à dominante argumentative

1. *Choix d'énoncés*

Dans les énoncés ci-dessous, choisir celui avec lequel on est le plus d'accord et celui avec lequel on est le moins d'accord.

1) Être juste, c'est traiter tout le monde pareil.
2) Être juste, c'est donner à chacun ce qu'il mérite.
3) Être juste, c'est donner à chacun selon ses besoins.
4) La justice n'existe pas, ce sont toujours les plus forts ou les plus malins qui l'emportent.
5) La justice, c'est punir sévèrement les criminels.
6) Je crois à la justice, mais je défendrai ma mère avant la justice. (Albert Camus)
7) Être juste, c'est respecter les autres.
8) Il vaut mieux subir l'injustice que la commettre. (Socrate)
9) S'il n'y a plus de justice, la vie des hommes n'a plus aucune valeur. (Kant)
10) La justice, c'est ce qui existe quand les lois sont respectées.

Ces énoncés proposent des définitions de la justice :
– soit à partir des critères qu'elle met en œuvre : égalité stricte, mérite, besoin, légalité (1,2, 3,10);
– soit à partir de sa finalité (5,7);

– soit à partir de sa possibilité, de son impossibilité ou de ses limites (4,6, 8).

Les préférences ou les rejets peuvent permettre de préciser les positions de chacun et les arguments avancés en faveur de l'une ou l'autre thèse. La recherche d'exemples illustrant chaque énoncé pourra également rendre ces thèses plus concrètes. Ici comme ailleurs, avec des enfants, on pourra simplifier la liste pour ne garder que cinq ou six énoncés.

2. *Dilemmes moraux*

Il existe de très nombreux dilemmes moraux sur le thème de la justice. Parmi beaucoup d'autres, on peut citer le dilemme de Heinz (inventé par L. Kohlberg), l'histoire de Guillaume et Ahmed, ou encore le dilemme de la famille Gustard (inventé par JC. Pettier). On les trouvera dans notre ouvrage *Pratiquer la philosophie à l'école* [1]. Le mythe de Gygès peut également constituer le point de départ de discussions intéressantes [2].

Nous nous bornerons ici à présenter un dilemme très simple, tiré de la vie quotidienne et susceptible de se poser à tout le monde. Même les enfants, qui en général n'imaginent pas ne pas passer leur permis de conduire quand ils seront grands, se sentiront concernés !

> Au volant de ma voiture, je téléphone avec mon portable, ce qui est interdit par la loi. Du coup, je brûle un feu rouge. Heureusement, il n'y a pas d'accident mais un radar me flashe. Quand je reçois ma contravention, elle m'annonce un retrait de quatre points conforme à la réglementation, ce qui, compte-tenu des points qui me restent, m'enlèverait mon permis.

1. Téléchargeable gratuitement sur http : //philogalichet.fr/telechargez-gratuitement-pratiquer-la-philosophie-a-lecole/

2. *Cf.* Catherine Vallée, Jacinta Schepers, *L'anneau de Gygès*, Chalon-sur-Saône, Éditions du Cheval Vert, 2010.

> Un ami avocat, en regardant de près mon avis de contravention, remarque que la date de vérification du radar indiquée sur l'avis est d'un an et 3 jours, alors que la loi stipule qu'un radar doit être vérifié tous les ans pour qu'une contravention soit valable. Il me propose d'envoyer un recours qui a toutes les chances d'être admis.
> Si tu étais à ma place, que ferais-tu ?

Ce dilemme repose sur la distinction entre « légal » et « légitime ». La double faute que j'ai commise est réelle, et elle a mis sérieusement en danger la vie d'autrui, même s'il n'y a pas eu de dommage. Je mérite donc tout à fait la sanction, et je le reconnais. Elle est « légitime ».

Mais un vice de forme fait que je pourrais échapper à cette sanction. D'un point de vue « légal », je ne suis pas coupable, puisque la sanction ne respecte pas tous les critères de la loi, et notamment celui de la vérification annuelle des radars.

Je suis là dans une situation qui rappelle celle de Gygès : je pourrais commettre impunément une injustice, en l'occurrence échapper à une sanction que je mérite. Mais cette fois, ce n'est pas en étant invisible ; c'est en profitant d'une faille dans la législation, ou d'un « vice de forme » qui m'est favorable alors qu'il n'enlève rien à ma culpabilité réelle.

Le débat porte donc ici sur *l'importance relative qu'il faut accorder au « légal » (respect littéral et formel de la loi) et au « légitime » (conformité à un impératif moral* – en l'occurrence ne pas mettre en danger la vie d'autrui par des pratiques irresponsables : brûler un feu rouge, téléphoner en conduisant, etc.).

On est bien là dans l'argumentation : il n'y a rien à interpréter ; il ne s'agit pas de dégager le sens d'une pratique ou d'une situation, mais d'avancer des arguments en faveur d'une thèse ou d'une autre.

3. *Débat*

Une discussion sur les notions d'injustice et de justice, menée avec des enfants de 9-10 ans, a consisté tout simplement à demander à chaque élève ce qu'est pour lui l'injustice. Voici quelques extraits de cette discussion.

Julien : — Pour moi, l'injustice, c'est quelque chose qui n'est pas juste, par exemple si on ne respecte pas les panneaux sur la route et qu'on se fait arrêter, on dit que c'est pas juste, mais c'est juste en fait.

Laurent : — Pour moi l'injustice, c'est comme s'il y a des gens qui ont zéro sou, ils ont plus rien, et qu'il y a des riches, il y en a qui ont presque tout ce qu'ils veulent, et ils se moquent des pauvres.

Constance : — Pour moi l'injustice, c'est que si par exemple il y a quelqu'un qui va au tribunal, et que c'est pas lui qui est coupable, et qu'on l'accuse coupable, ça peut être de l'injustice.

Emma : — Pour moi l'injustice, c'est quand quelqu'un fait une bêtise et dit que c'est quelqu'un d'autre. Et la personne se fait engueuler.

Arielle : — Pour moi, l'injustice, c'est quand on fait quelque chose qu'on nous demande mais qu'on le fait mal.

Clément : — Il y a de grosses injustices aussi, comme quand on tue quelqu'un et qu'on va au tribunal.

Maxime : — L'injustice ça veut dire que c'est mal, par exemple tu tues quelqu'un, c'est mal.

Stéphanie : — Si quelqu'un a volé quelque chose et qu'ensuite il le rend, ça c'est juste.

Emma : — Moi je trouve que la justice et l'injustice ça existe chez tout le monde, même chez les animaux. Par exemple moi j'ai des chats, eh bien ils n'arrêtent pas de se battre. L'un prend le panier de l'autre, l'autre lui prend la nourriture.

Benoît : — Moi je trouve qu'être injuste, c'est aussi quand on est dans la classe, quand quelqu'un s'exprime et que quelqu'un n'écoute pas, qu'il fait autre chose. Etre juste, c'est quand quelqu'un s'exprime et qu'on l'écoute bien.

Romain : — Le racisme, je trouve que ça aussi c'est de l'injustice.

Maxime S. : — Pour moi c'est pas normal qu'on donne plus à celui qui a travaillé plus ou à celui qui est plus gros ou plus fort. Il faudrait donner pareil à tout le monde, sinon c'est de l'injustice.

Mathieu : — Pour moi l'injustice, c'est par exemple si on est cinq ou six, et que maman elle aime plus un que l'autre.

Sophie : — Pour moi l'injustice, c'est si un papa ou une maman achète des bonbons à un enfant, et que l'autre il n'a pas de bonbons.

Sophie : — Pour moi ce qui est injuste, c'est quand les riches s'achètent tout ce qu'ils veulent, tandis que les pauvres sont dans la rue, ils n'ont rien à s'acheter.

Maud : — S'il y a un élève qui travaille mieux, ce ne serait pas juste qu'il ait plus, une plus grosse part qu'un autre, et en même temps on peut dire à l'autre tu en auras plus si tu travailles mieux, mais c'est quand même pas très gentil.

Anaïs : — Pour moi l'injustice, c'est de ne pas respecter la loi, c'est être hors la loi si on veut.

Guillaume : — Alors vous avez dit qu'il faut être égaux, et aussi, comme l'a dit Emma, que les animaux font leur justice. Mais pourquoi on est égaux aussi ?

Sophie : — Un enfant qui est handicapé, comme dit Anaïs dans l'article 1, ils disent qu'on naît et qu'on demeure libres et égaux en droits. Alors voilà, c'est injuste parce que l'enfant il est handicapé et nous on est normaux.

Maxime S. : — Dans la société, si quelqu'un veut être mieux payé que quelqu'un d'autre parce qu'il travaille plus, c'est juste.

A partir de ces échanges, il est possible de dégager et catégoriser diverses conceptions de l'injustice :

– conception légaliste (injustice = transgression de la loi juridique) : *Julien, Clément, Anaïs* ;

– conception égalitariste ou démocratique (injustice = inégalités excessives) : *Laurent, Maxime S, Sophie, Anaïs* ;

– conception « véridiciste » (injustice = mensonge, tromperie, erreur judiciaire, etc.) : *Constance, Emma* ;

– conception pragmatiste (injustice = mal faire ce qu'on a à faire, négligence) : *Anelle* ;

– conception déontologique (injustice = faire ce qui est moralement mal, contraire au devoir) : *Rémi, Maxime* ;

– conception naturaliste (injustice = violence commune aux hommes et aux animaux) : *Emma* ;

– conception « convivialiste » (injustice = ne pas avoir le souci de la réciprocité, de la dignité des autres, d'un climat de bienveillance, de confiance et de reconnaissance mutuelle) : *Benoit, Romain, Mathieu* ;

– conception distributive (injustice = ne pas donner à chacun ce qui lui revient en fonction de différents critères possibles) : *Maxime S.*

On pourra tenter une classification analogue à partir des productions du groupe que l'on aura animé. Bien entendu, cette liste des conceptions possibles n'est pas exhaustive et on peut en trouver d'autres encore ! A noter qu'un élève (Maxime S) énonce deux affirmations exprimant deux conceptions contradictoires

A l'issue de la discussion, l'enseignant a demandé à chaque élève d'écrire ce qu'il en a retenu et de formuler une question qui lui semble rester en suspens. Voici quelques questions proposées par les élèves :

– Pourquoi a-t-on besoin de justice ? (*question mentionnée par plusieurs élèves*)

– Quelles sont toutes les justices ? (*sic*)
– Qu'est ce que la justice ?
– La justice et l'injustice, est-ce que ça a un rapport ?
– Pourquoi il y en a qui sont handicapés ?
– Pourquoi nous ne sommes pas pareils ? [1]

La discussion montre qu'au début, les enfants donnent des définitions de l'injustice « légalistes » (par exemple, ne pas respecter le code de la route) et proches de leur vie quotidienne (rapport à un petit frère, désobéissances ou « bêtises » commises par les enfants, « injustices » des parents dans la distribution de bonbons ou de cadeaux). Mais progressivement, la réflexion collective évolue vers des questions plus générales : le problème de la fausse dénonciation est transposé de la sphère familiale à la sphère judiciaire ; le problème des traitements inégaux dans la famille s'élargit à la question générale des inégalités sociales. On voit ainsi un même enfant, Sophie, passer de la distribution des bonbons au problème de la pauvreté et de la richesse dans la société.

Surtout, on passe peu à peu des affirmations péremptoires (« Pour moi l'injustice c'est… ») à des énoncés qui font émerger une problématisation, un questionnement. En particulier, la question de savoir si on peut parler de justice et d'injustice à propos des animaux (c'est-à-dire dans l'ordre naturel) revient avec insistance, ce qui, en creux, suggère l'idée – qui n'est pas explicitement formulée – qu'elle pourrait ne concerner que la sphère des rapports spécifiquement humains (chez les hommes, la sanction permet de « vivre quand même », alors que chez les animaux le meurtre est un risque perpétuel).

1. Ce script, et les productions finales des élèves, sont extraits du corpus de la thèse de G. Auguet, *La discussion à visée philosophique aux cycles 2 et 3 : un genre scolaire nouveau en voie d'institution ?*, M. Tozzi (dir.), Université Paul Valéry-Montpellier 3, 2003.

Il est également intéressant de noter qu'apparaissent au bout d'un certain temps des aspects de la notion qui débordent de beaucoup le simple cadre pénal, social ou économique : ainsi, dit un enfant, ne pas écouter quelqu'un qui parle dans un débat est aussi une forme d'injustice.

Cette problématisation prend notamment la forme d'une contradiction : un enfant ressent comme injuste qu'on donne plus à l'élève qui a bien travaillé en classe, mais « en même temps », il perçoit que cette inégalité peut être une forme de stimulation et d'incitation. Elle peut aussi prendre la forme d'une question « métaphysique » qui déborde le cadre de l'éthique : pourquoi y a-t-il des handicapés ? Pourquoi ne sommes-nous pas tous pareils ? Peut-on parler d'injustice dans le cas des personnes dont le handicap est d'origine « naturelle » ? Elle peut enfin prendre la forme d'une question « fondamentale », c'est-à-dire portant sur les principes : « Pourquoi a-t-on besoin de justice ? » et « Pourquoi il faut être égaux ? ». L'enfant qui la pose se réfère à la Déclaration des droits de l'homme, mais sa reformulation (« Pourquoi on est égaux ? ») montre qu'il ne maîtrise pas bien encore la distinction entre le normatif et le factuel. Ce sera un point à travailler lors de séances ultérieures.

PHILOSOPHER EN TERMINALE

1) *Les images du photolangage* peuvent être utilisées d'autres manières. On peut par exemple inviter les élèves à faire des recherches documentaires pour situer chacune dans son contexte historique, culturel et religieux (pour le Jugement de Salomon). Ce travail débouchera sur une réflexion pour rapprocher chaque image des grandes distinctions conceptuelles qui sont au cœur d'un cours sur la justice. Ainsi :

– *Justice commutative/distributive* : la photo de l'arbitre de foot s'inscrit dans le contexte d'une justice postulant l'égalité absolue. Le jeu est une sorte de relation contractuelle où les droits et devoirs des joueurs sont identiques : ils sont en principe interchangeables (le montrer). En revanche, le Jugement de Salomon relève plutôt de la justice distributive, où la répartition des biens, des récompenses et des châtiments est proportionnelle aux mérites. Faute de pouvoir partager l'enfant (ce qu'il feint de prescrire pour démasquer la fausse mère), il s'agit de l'attribuer à celle qui, en acceptant de se sacrifier pour lui, le mérite vraiment.

– *Justice civile/Justice pénale* : les avocats croqués par Daumier, qui s'interpellent, évoquent une justice relative au règlement de conflits entre personnes. Au contraire, Superman suggère une justice qui punit le crime et poursuit les délinquants. Mais ces œuvres donnent-elles une image positive de ces concepts de justice ? Si non, pourquoi ? Que manque-t-il à chacune pour être adéquate à son concept ?

– *Justice/Force* : la photo de Martin Luther King évoque l'idée d'une justice fondée sur le refus de la violence, la défense pacifique des droits fondamentaux, et notamment de l'égalité raciale, finissant par s'imposer par la seule légitimité de son combat. En revanche, Superman suggère l'idée d'une justice qui s'identifie à la force, comme le reconnaissait – sans y adhérer – Pascal. La fin tragique de M. L King est-elle une raison pour préférer « la force sans la justice » à « la justice sans la force » ?

2) *La parabole du fils prodigue* permet de problématiser la question des rapports entre amour et justice. Elle peut servir de support au traitement d'un sujet comme : « Le fondement de la justice est-il rationnel ou sentimental ? » ou demandant de commenter et discuter cette phrase d'Alain : « La justice n'est point l'amour ; elle est ce qui soutient l'amour quand l'amour est faible, ce qui remplace l'amour quand l'amour manque ». On pourrait ajouter qu'elle est aussi ce qui contient l'amour quand il est trop fort (*cf.* la phrase de Camus dans la liste d'énoncés, qui à elle seule peut faire l'objet d'un sujet de dissertation).

3) *Le choix d'énoncés* peut être utilisé pour développer les implications de chacun d'eux et les rapporter, ici encore, à certains des « repères » prescrits par le programme, comme : « en fait/ en droit » (énoncés 4,5, 10/1,2, 7), idéal/ réel (énoncé 6), obligation/ contrainte (énoncés 5,7, 8,10).

INDICATIONS BIBLIOGRAPHIQUES

Patrick Pharo, *Le sens de la justice*, Paris, PUF, 2003.
John Rawls, *Théorie de la justice*, Paris, Seuil, 1997.
Michael Sandel, *Justice*, Paris, Albin Michel, 2016.
Michael Walzer, *Sphères de justice*, Paris, Seuil, 1997.

FICHE N° 2 : LA DIGNITÉ

ENJEUX ET QUESTIONNEMENTS

La dignité est une question qui intéresse toutes les générations. La Convention des droits de l'enfant insiste beaucoup sur le respect dû à l'enfant en tant que personne. Son préambule, reprenant celui de la Déclaration des droits de l'homme de 1948, affirme : « La reconnaissance de la dignité inhérente à tous les membres de la famille humaine (...) est le fondement de la liberté, de la justice et de la paix dans le monde ». Elle proclame « la dignité et la valeur de la personne humaine », dès la prime enfance.

La Déclaration de 1948, dans son article premier, proclame : « Tous les êtres humains naissent libres et égaux en dignité et en droits ». On voit ici que la dignité est mise sur le même plan que les droits, ce qui signifie qu'elle s'en distingue. Mais alors qu'il est facile de décliner les droits multiples et divers qui font l'objet des trente articles de la Déclaration, la notion de dignité n'est nulle part définie ou déclinée en propositions spécifiques. Tout se passe comme si elle était à la fois essentielle (puisque placée au même niveau que les droits) et indéfinissable (puisqu'elle ne donne lieu à aucun article). De fait, *la dignité est souvent invoquée pour justifier des pratiques opposées*. Pour ne prendre qu'un seul exemple, on considère que le port du voile pour les femmes, prescrit par certaines religions, est contraire à leur dignité, parce qu'il les distingue des hommes et manifeste publiquement une obligation (dissimuler leur chevelure) qui ne s'impose qu'à elles, donc les discrimine. Mais d'autres femmes revendiquent ce même port du voile comme une affirmation de leur liberté, donc de leur dignité.

Il en va de même pour des pratiques comme la prostitution ou la grossesse pour autrui. Certains les condamnent comme contraires à la dignité de la femme. D'autres les défendent au nom de cette même dignité, qui comprend la liberté et la responsabilité de faire ce qu'on estime juste, du moment que cela ne nuit pas à autrui et que la démarche est consciente, volontaire et éclairée.

Comment la dignité peut-elle servir à justifier une chose et son contraire ? N'est-ce pas la preuve de sa vacuité ?

La fin de vie suscite elle aussi l'exigence de « mourir dans la dignité ». Mais ici encore la notion de dignité est invoquée aussi bien par ceux qui revendiquent le droit au suicide assisté que par ceux qui le refusent. Qu'est-ce donc que cette valeur qui donne lieu à des conclusions contradictoires ? On serait tenté de la congédier pour ne pas polluer un débat déjà très compliqué.

« Dignité » et « indignation » ont la même racine étymologique. Et de fait, c'est souvent par l'indignation que la dignité s'introduit dans les débats et réflexions politiques. *La dignité se vit d'abord au négatif*, comme quelque chose dont on est injustement privé, qui est bafoué, méconnu, violé, transgressé. « C'est indigne ! » est une exclamation qui lance un nouveau combat, ouvre un nouveau front de lutte politique ou sociale.

Le problème du respect est très tôt posé par les enfants. Habituellement, il est exprimé de manière singulière, à propos d'une situation qui suscite une protestation spontanée : « Il m'a manqué de respect », « le maître ne me respecte pas », ou au contraire : « Tu dois respecter tes professeurs » (exigence légitime de tout enseignant). Mais que signifie, en l'occurrence, « respecter » ? Qu'est-ce que le respect ? La question revient au fond à s'interroger sur la notion de dignité : on respecte ce qui est « digne de respect », ce qui a en soi une dignité ; et ce qu'on doit combattre, c'est tout ce qui viole, bafoue, outrage cette dignité.

Plusieurs démarches sont possibles pour tenter de préciser la notion de dignité.

La première consiste à *cerner les notions de respect et de dignité à partir de leurs contraires.* Il est en effet souvent plus facile de déterminer ce que n'est pas un concept que d'en donner une définition positive. Il s'agira donc d'examiner des exemples d'actes et de situations où des hommes ne sont pas respectés, où la condition qui leur est faite apparaît « indigne » – et de se demander pourquoi on les qualifie ainsi.

La seconde consiste à *s'interroger sur la distinction et les rapports entre notions voisines*, comme par exemple entre :

– *dignité et amour* : peut-on respecter quelqu'un qu'on n'aime pas ? Aimer quelqu'un qu'on ne respecte pas ? (chercher des exemples) ;

– *dignité et justice* : peut-on garder sa dignité même dans une situation injuste ? Se conduire de manière indigne tout en étant juste ? (ici encore, la recherche d'exemples pourra être éclairante) ;

– *dignité et liberté* : peut-on rester digne même quand on est privé de liberté ? voire torturé ? (on peut penser ici à des prisonniers célèbres, comme Nelson Mandela, ou à des résistants comme Jean Moulin, Pierre Brossolette) ;

– *dignité et égalité* : reconnaître et respecter la dignité de quelqu'un, est-ce forcément le considérer comme un égal ? Que signifie, dans une relation inégalitaire ou hiérarchique (par exemple entre maître et élèves, parents et enfants, supérieur et subordonné, etc.), respecter la dignité de l'autre ?

Une troisième démarche peut *tenter d'explorer la notion de dignité par ses conséquences : qu'est-ce qu'il faut pour que les hommes mènent une existence « digne »*, pour qu'ils soient « respectés » ? Quelles conditions matérielles, économiques, sociales, culturelles, éducatives, politiques doivent être réunies ?

On cerne ainsi empiriquement et progressivement la notion de dignité, avant même de prendre connaissance des Déclarations où les droits et devoirs sont formalisés dans un vocabulaire plus juridique.

ACTIVITÉS À DOMINANTE INTERPRÉTATIVE

1. *Photolangage*

1

2

3

5

1. Nelson Mandela
2. Un vieil homme, ancien soldat taliban en Afghanistan
3. Femme dans un camp de réfugiés au Malawi
4. Dr. Martin Luther King (voir fiche n° 1)
5. Président de la République Charles De Gaulle

La discussion autour de ces photos peut faire apparaître les points suivants :

1) **Photo de Nelson Mandela** :

– Regard direct, sourire : d*ignité liée au fait qu'il a été longtemps emprisonné et qu'il a supporté stoïquement sa détention sans faiblir ou trahir*;

– son combat mené durant toute sa vie : *la lutte pour la dignité est un combat qui exige patience et endurance*;

– sa réputation d'homme intègre, incorruptible, au-dessus des querelles partisanes : *l'exigence de dignité a une valeur « exemplaire »; elle suscite l'admiration, elle est contagieuse...*

2) **Photo d'un vieillard** :

– gravité du visage, rides, regard profond : *impression de sagesse et d'expérience*;

– La barbe ample et blanche; le turban également blanc : *suggère une vie de sérénité et de paix = dignité « intérieure » liée à une ascèse, un équilibre qui inspire le respect.*

3) **Photo d'une femme africaine** :

– visage émacié : *misère, dureté de sa condition*;

– attitude détachée, lèvres fermées, regard lointain : *absence de rancœur ou rancune, refus de se plaindre, souci de garder sa dignité malgré les épreuves*;

– regard frontal : *fierté, volonté inébranlable.*

4) **Photo de Martin Luther King** (voir fiche n° 1) :

– salut à la foule assemblée : *caractère public et politique de son combat; la dignité est une cause collective et pas seulement un sentiment individuel*;

– attitude calme, geste ample : *refus de la violence, de la démagogie; souci de mettre en accord les moyens de la lutte avec la fin poursuivie.*

5) **Photo du général de Gaulle** :

– posture et habit présidentiel : *« dignité institutionnelle » ou « officielle », liée au prestige de la fonction exercée*;

– la personne même du général de Gaulle et ce que l'on sait de son combat contre le nazisme et pour la libération de la France : *rejoint ce qui a été dit de Mandela et de Martin Luther King*

Il sera donc intéressant, à propos de cette photo, de voir en quoi ces deux significations de la dignité se mêlent et se combinent dans le choix de chacune.

Cet exercice devrait permettre de distinguer et d'expliciter la conception de ceux pour qui la dignité est plutôt un problème politique et juridique (lutte pour le respect, l'égalité des droits, la reconnaissance, etc.) et ceux pour qui elle est plutôt une attitude éthique personnelle (courage devant les épreuves, élévation de la pensée, sagesse et générosité, refus des compromissions, etc.).

2. *Poésie*

De nombreux poèmes sont inspirés par la notion de dignité, à partir d'une situation où celle-ci est bafouée. Ainsi par exemple ce poème de Pablo Neruda, *Les hommes du nitrate*, suggéré par le travail très dur des mineurs du Chili.

> J'étais au pays du salpêtre, avec les héros anonymes,
> avec celui qui creuse une neige fertilisante et fine
> sur la dure écorce de la planète ;
> et j'ai serré avec orgueil leurs mains de terre.
> Et ils m'ont dit : « Regarde,
> mon frère, comment nous vivons,
> ici à “Humberstone”, ici à “Mapocho”,
> à “Ricaventura”, à “Paloma”,
> à “Pan de Azucar”, à “Piojillo” ».
> Et ils m'ont montré leurs rations de misère,
> le sol de terre des maisons,
> le soleil, la poussière, les vinchucas
> et la solitude sans fin.
> J'ai vu le travail du mineur
> qui laisse incrustée dans le bois,
> autour du manche de la pelle,

toute l'empreinte de ses mains.
Du fond exigu de la mine
tel un utérus infernal,
j'ai entendu une voix s'élever,
puis j'ai vu remonter à la surface
un être sans visage,
un masque barbouillé
de sueur, de sang et de poussière.
Et ce masque m'a dit : « Où tu iras,
parle de ces souffrances,
parle, mon frère, de ton frère
qui vit en bas, dans cet enfer » [1].

A partir de ce poème, une professeure de collège a fait écrire à ses élèves de 15-16 ans des poèmes d'inspiration analogue, dénonçant les atteintes à la dignité de personnes dans le monde actuel. Voici deux exemples de productions d'élèves :

LES SANS-ABRIS

J'étais dans une ville, un soir
Parmi les SDF sur les trottoirs
Je marchais sur le béton
Pendant qu'ils dormaient sur le goudron
Et ils m'ont dit : « As-tu un carton ?
Mon garçon, regarde comment nous nous logeons
Tu trouveras toujours des gens sans maison
A Etang-Salé, à Saint Louis, à Saint-Pierre
Même à Pierrefonds ».
Et ils m'ont montré leur misérable toit
Leurs façades en haillons
Et le sol en béton
Avec le ciel pour seul horizon

1. Pablo Neruda, « Les hommes du nitrate », in *Chant général*, traduit par Claude Couffon © Éditions Gallimard, 1984.

(…) J'ai vu remonter dans la ruelle
Un être avec une écuelle
Et j'ai pensé qu'un jour
Peut-être celui-ci aurait un beau séjour
Peut-être il me dirait bonjour
Et que je lui rendrais de l'amour

Romain D., élève de 3 e

AFRIQUE

J'étais égaré, écrasé sous le soleil,
Loin de toute route et des bruits familiers,
Seul au milieu du vent et de la poussière,
Et j'ai aperçu un groupe sous un Baobab
Et ils m'ont dit : « Que viens tu faire ici,
Vivre comme l'on vit
En Afrique à l'infini ? »
Et ils m'ont montré leurs mains asséchées
Leurs doigts fripés
Leurs yeux collés
Et le sol craquelé
(…) Du fond de ma mémoire,
J'ai tiré une image
J'ai entendu des cris
J'ai pleuré ces visages
Et j'ai pensé que l'avenir, s'il leur est permis,
Sera de souffrances de peurs et de faim
Pour mes frères qui vivent en enfer
Je veux crier « Assez ! » sur cette terre.

Enzo R., élève de 3 e [1].

1. On trouvera d'autres textes d'élèves sur le site : http://college-aime-cesaire.ac-reunion.fr/2014/06/18/au-nom-de-la-dignite-humaine-la-poesie-engagee

L'intérêt de cet exercice d'écrire « à la manière de » est d'amener les participants à un *travail sur l'analogie* : il s'agit de repérer les éléments qui *font sens* dans le poème de Neruda en les transposant dans un autre contexte. Ainsi : la mise en situation initiale (« J'étais ») qui se place d'emblée dans un point de vue subjectif et empirique; la rencontre avec des êtres qui suscitent à la fois surprise, compassion et indignation (« j'ai serré leurs mains de terre »); l'interpellation par ceux-ci (« ils m'ont dit ») qui exposent eux-mêmes leur condition indigne; le passage du discours à la vision directe, physique des stigmates de celle-ci (« ils m'ont montré » « j'ai vu »); et enfin l'apostrophe finale à l'auteur et au lecteur, qui prend la forme d'une injonction, d'une responsabilité qui lui incombe personnellement (« Parle »).

On pourra tenter une démarche semblable, soit avec ce poème de Neruda, soit avec un autre. Dans le poème de Neruda, elle permet de repérer les éléments qui justifient le sentiment de dignité qui s'en dégage malgré l'extrême dureté des conditions décrites. Ainsi :

– la qualification même des hommes qui constituent le sujet du poème (« des héros anonymes ») : *c'est dans les situations d'humilité et d'obscurité que l'exigence de dignité s'affirme le plus*;

– les sentiments d'admiration et de fraternité qu'ils suscitent (« j'ai serré avec orgueil leurs mains de terre ») : *l'exigence de dignité est contagieuse, elle appelle chacun à une exigence similaire*;

– les mineurs ne sont pas simplement des personnes qu'on décrit ou observe. *Ils prennent la parole*, s'adressent au poète pour dire ce qu'ils vivent et ce qu'ils sont (« Regarde, mon frère, comment nous vivons »). Ce sont eux qui montrent leurs conditions d'existence, veulent la faire connaître au monde entier par le biais du poète (« Parle, mon frère, de ton frère ») : *la dignité est indissociable d'un discours « en première personne », qui reconquiert une parole confisquée* ;

– les poèmes des élèves vont plus loin et suggèrent des perspectives qui rendraient aux personnes leur dignité : « Un beau séjour » pour les sans-abris ; ou ils expriment une protestation plus directe et véhémente encore que celle de Neruda : « Je veux crier « Assez ! » sur cette terre » : *l'exigence de dignité nourrit et suscite l'utopie, le rêve, l'invention de mondes différents.*

On découvre en fin de compte que, même dans les situations de misère ou d'humiliation extrêmes, la dignité peut être maintenue : a) si ceux qui en sont victimes gardent le pouvoir de la parole (et ne sont pas de simples objets de colère ou de pitié) ; b) si l'on témoigne envers eux de gestes symboliques (serrer la main) qui expriment une égalité et un respect envers et contre tout ; c) si leur condition inspire une parole à la fois publique (visant à faire connaître universellement leur condition) et politique (visant à changer les choses).

ACTIVITÉS À DOMINANTE ARGUMENTATIVE

1. *Choix d'énoncés*

Dans les énoncés suivants, choisissez les deux avec lesquels vous êtes le plus en accord :

1) Vivre dignement, c'est vivre avec sagesse.

2) Etre digne, c'est être fier de soi et de ce qu'on fait.

3) Etre digne, c'est être respecté et se faire respecter par les autres.

4) Etre digne, c'est être courageux.

5) On ne peut pas vivre dignement si on est trop riche.

6) Vivre dignement, c'est respecter les lois, ne pas commettre de délits ou de crimes.

7) Vivre dignement, c'est être autonome, ne pas dépendre des autres.

8) Être digne, c'est être bien habillé, avoir de bonnes manières, être poli.

9) Vivre dignement, c'est avoir les moyens de satisfaire ses besoins vitaux : manger, se loger, s'habiller, etc.

10) Etre digne c'est ne se laisser jamais abattre par l'adversité, garder toujours l'espoir et la volonté de s'en sortir.

Ces énoncés proposent des définitions de la dignité très diverses. Certaines se fondent sur le statut social (« être respecté et se faire respecter ») et l'apparence extérieure (« être bien habillé, poli », etc). D'autres sont fondées sur des vertus ou des qualités subjectives (fierté, courage, sagesse); d'autres encore sur des comportements objectifs (respecter les lois, être autonome); d'autres encore sur les conditions de vie (satisfaire ses besoins vitaux, ne pas être trop riche).

Le choix de deux énoncés pourra permettre de classer les dix propositions selon le nombre de voix reçues. Le classement qui en sortira pourra offrir matière à discussion : pourquoi les propositions arrivées en tête ont-elles recueilli le plus de suffrages? Ceux qui les ont choisies sont-ils d'accord sur leur signification? Des mots comme « respect », « sagesse », « fierté », « courage » ont-ils le même sens pour tous?

2. *Débat : « Qu'est-ce que la dignité? »*

La Déclaration Universelle des Droits de l'Homme énonce, dans son article premier : « Tous les êtres humains naissent libres et égaux en dignité et en droits ».

Que signifie la « dignité » de l'homme? Pour essayer de le comprendre, on peut se référer à cette réflexion de Kant :

> Tout a ou bien un prix, ou bien une dignité. On peut remplacer ce qui a un prix par son équivalent; en revanche, ce qui n'a pas de prix, et donc pas d'équivalent, c'est ce qui possède une dignité [1].

1. Kant, *Métaphysique des mœurs*, Paris, Garnier-Flammarion, 1994, p. 116.

Pour comprendre cette réflexion, on pourra poser, en préalable du débat, les questions suivantes :

1) *Donner des exemples de choses qui ont un prix*, c'est-à-dire qu'on peut acheter ou vendre (exemple : du pain, un blouson, un téléphone portable, etc.).

2) *Pour chacune de ces choses, donner un équivalent* (une chose qui peut la remplacer si on ne la trouve pas).

3) *Donner des exemples de réalités qui n'ont pas de prix, mais une dignité* – c'est-à-dire qu'on ne peut ni vendre, ni acheter, mais qui ont pourtant de la *valeur*, c'est-à-dire dont on dit couramment qu'elles sont « dignes d'être vécues », « dignes d'intérêt », etc. (exemples possibles : un coucher de soleil, un ami fidèle, un beau paysage, une conversation intéressante, un moment de tendresse avec quelqu'un qu'on aime, une rencontre stimulante ou enrichissante, un match palpitant, etc.).

4) *Que signifie alors l'idée de dignité ?* Elle consiste à pouvoir vivre de tels moments ou de telles expériences qui sont « sans prix » ; donc à ne pas être obnubilé, volontairement ou du fait de sa situation (d'extrême misère), par la seule recherche des choses « qui ont un prix » : nourriture, vêtements, objets « de marque », gadgets, etc.

Au cours du débat, les participants seront conduits à *distinguer une vie « digne » d'une vie « heureuse », ou « réussie ».* Ils s'interrogeront sur la priorité à établir entre ces différentes notions : peut-on être vraiment heureux si l'on n'a pas le sentiment de mener une existence « digne » ? Une vie peut-elle être dite « réussie » sans la conscience de cette dignité ?

Au départ, la question de la dignité se pose d'abord pour les autres. Comme on l'a vu dans les exemples et situations proposés, c'est le constat de situations « indignes » (misère, oppression, exploitation, discrimination, etc.) qui fait prendre conscience que la vie n'est réellement et authentiquement humaine qu'à certaines conditions. Mais peu à peu, on est amené à s'interroger : *est-ce seulement la misère et l'oppression qui créent des conditions d'existence « indignes »? N'y a-t-il pas également chez nous, dans nos sociétés riches, développées et démocratiques, des aspects qui contredisent la dignité de l'homme?* Certaines émissions de télévision, certains propos sur les réseaux sociaux, certains spectacles ou certains comportements ne sont-ils pas dégradants pour ceux qui les font comme pour ceux qui les regardent? On pourra rechercher ensemble des exemples (ils sont malheureusement nombreux…).

PHILOSOPHER EN TERMINALE

Cette fiche peut inspirer des activité relatives aux chapitres « La politique (la société, la justice et le droit, l'État) » et « La morale (la liberté, le devoir, le bonheur) » du programme.

1) **Les cinq images du photolangage** peuvent nourrir une réflexion sur les fondements du respect : il peut être lié à la droiture et à l'élévation d'un combat pour des buts légitimes (Mandela, ML King); à la fonction officielle exercée, avec son apparat et ses rituels (De Gaulle), à la noblesse et sagesse personnelle (photo d'un vieux sage), à des traits de caractère (photo de femme). Cette liste n'est évidemment pas exhaustive et l'on pourra rechercher d'autres principes possibles du respect dans les sociétés d'aujourd'hui, et des images susceptibles de les illustrer.

2) **Choix d'énoncés** : chacun peut être considéré comme un sujet de dissertation possible. On peut, à partir de lui, identifier le problème auquel il prétend répondre, développer et illustrer la thèse qu'il défend, chercher des arguments et des objections. Si les dix énoncés sont ainsi traités individuellement ou en équipes, il serait intéressant qu'ils soient ensuite échangés pour donner lieu à une évaluation réciproque. Une synthèse collective

tendrait alors à élaborer une définition de la dignité suffisamment consensuelle et compréhensive pour dépasser les clivages dont on est parti – quitte à rejeter certains énoncés (par exemple le 5 et le 8).

INDICATIONS BIBLIOGRAPHIQUES

Jean-Michel Hirt, *La dignité humaine*, Paris, Desclée de Brouwer, 2012
Gilbert Hottois, *Dignité et diversité des hommes*, Paris, Vrin, 2009.
Pic de la Mirandole, *De la dignité de l'homme*, Paris, L'Éclat, 1993.
Richard Sennett, *Respect (de la dignité de l'homme dans un monde d'inégalité)*, Paris, Albin Michel, 2003.

FICHE N° 3 : LE TRAVAIL

ENJEUX ET QUESTIONNEMENTS

Le travail intéresse toutes les générations. Pour les enfants, il s'identifie au travail scolaire, qui s'oppose au jeu et au loisir. Il est alors synonyme d'obligation : le travail scolaire, c'est ce qu'on est obligé de faire, qu'on en ait envie ou pas. On parle d'ailleurs « d'obligation scolaire ».

Mais les enfants voient aussi que leurs parents « travaillent », et qu'ils le font pour des raisons qui sont plus complexes. Les adultes travaillent « pour gagner leur vie ». Ce n'est pas une obligation au sens légal du terme : personne n'est obligé de travailler. Mais ils y sont contraints par les besoins de l'existence : sauf à être rentier ou très riche de naissance, on travaille pour avoir de quoi se nourrir, se loger, se vêtir, se distraire, etc.

Il y a donc là *une première distinction intéressante à approfondir, entre l'obligation de travailler (qui s'applique aux enfants) et la contrainte du travail (qui s'applique aux adultes).*

Pour les retraités enfin le travail n'est plus ni une obligation ni une contrainte. La retraite offre ce privilège de dispenser définitivement du travail. Généralement, on présente cela comme un bienfait : qui ne souhaite, à première vue, pouvoir vivre à sa guise, sans avoir besoin de travailler ?

Et pourtant, on entend souvent les retraités, comme d'ailleurs les actifs, parler avec plaisir du travail, et parfois même avec passion. Il se pourrait donc que le travail ne soit pas qu'une obligation (imposée par la loi) ou une contrainte (dictée par le besoin), mais un plaisir, voire une passion.

D'où un second questionnement : peut-on classer toutes les activités humaines en deux catégories bien tranchées : celles qui relèvent du travail d'une part, celles qui relèveraient du loisir ou du jeu, d'autre part ?

On pourra, au fil des discussions, rechercher un certain nombre de critères susceptibles de distinguer le travail du jeu ou du loisir :

– *le loisir procure du plaisir/ le travail est pénible et demande des efforts* (*cf.* l'origine du mot travail = « tripalium », instrument de torture) ;

– *le loisir est libre/ le travail est obligatoire ou contraint* ;

– *le loisir est gratuit/ le travail est rémunéré* ;

– *le loisir ne sert à rien/ le travail a une utilité économique ou sociale.*

Mais pour chacune de ces oppositions, le débat permettra de fournir des contre-exemples qui remettent en question ces critères. Ainsi les joueurs de football professionnels sont rémunérés : jouent-ils ou travaillent-ils ? Le chercheur dans son laboratoire ou l'artiste dans son atelier exercent leur activité avec passion ; ils n'ont pas l'impression d'y être contraints, et pourtant ils ont un métier, donc ils « travaillent », etc. Les enfants eux-mêmes ont-ils toujours l'impression de « travailler » à l'école ? Ne s'amusent-ils que dans la cour de récréation ?

En fin de compte, il apparaît que l'opposition entre le travail et le non-travail (le jeu, le loisir, la retraite) n'est pas aussi claire qu'elle semblait au premier abord. Ce qui conduit à s'interroger – avec des enfants comme avec des adultes – sur les conditions susceptibles de rendre le travail intéressant, épanouissant, gratifiant – et donc d'atténuer ou d'effacer l'opposition entre le travail et le non-travail. Sur ce point, les enfants ont certainement beaucoup de choses à dire, que les enseignants ou les éducateurs pourraient entendre avec profit !

ACTIVITÉS À DOMINANTE INTERPRÉTATIVE

1. *Photolangage*

Les cinq images proposées constituent cinq représentations du travail – évidemment non exhaustives.

1

2

3

4

1. Gustave Caillebotte, *Les raboteurs*
2. Charles Chaplin dans *Les Temps Modernes*
3. Maurice Falliès, *Usines à Saint Denis*
4. Ouvriers sur le RCA BUILDING pendant sa construction
5. Johannes Vermeer, *La dentellière*

5

Comme indiqué dans l'introduction, il est important de les présenter aux participants sans aucun commentaire, de manière à ne pas les influencer dans leur choix. On se bornera à leur demander de choisir l'image qui pour eux correspond le mieux à l'idée qu'ils se font du travail.

Ensuite, lorsque chacun aura exprimé et justifié son choix, on peut revenir sur les images et préciser avec les participants, pour chacune, les traits essentiels et les significations qui s'en dégagent par rapport à la représentation du travail.

1) ***Les raboteurs de parquet*** :

– corps courbés, têtes penchées vers le sol : *caractère humiliant, servile du travail* ;

– parallélisme des bandes sur le parquet : *monotonie, caractère répétitif* ;

– décor bourgeois de l'appartement (balcon en fer forgé, etc.) : *inégalité sociale ; soumission des travailleurs manuels* ;

– litron de vin rouge : *compensations addictives à la dureté du travail.*

2) ***Les Temps modernes*** :

– Charlot dans les engrenages : *le travail broie l'être humain, le réduit à un rouage dans une immense machinerie* ;

– Charlot visse le boulon : *dans cet engrenage où il est pris, l'homme tente de garder un minimum de dignité et de liberté* ;

– il n'y a que des roues : *caractère uniformisant et répétitif du travail moderne.*

3) ***Les usines à saint Denis*** :

– ciel brumeux et plein de fumées : *pollution, tristesse des paysages industriels* ;

– gare où des voyageurs attendent un train : *déplacements imposés, éloignement des lieux de travail et d'habitation, anonymat, impersonnalité, déracinement* ;

– poteaux, caténaires, bâtiments hauts : *impression d'écrasement, de domination.*

4) ***Déjeuner en haut d'un gratte-ciel*** :

– convivialité des ouvriers saluant le photographe : *camaraderie, fraternité du travail, coopération*; *le travail comme lien social*;

– insouciance du danger et du vertige : *maîtrise, compétence, sûreté*;

– la ville en-dessous : *les résultats du travail*; *le travail créateur d'une civilisation.*

5) ***La dentellière*** :

– attention, concentration de la jeune fille : *minutie du travail artisanal; le travail artisanal appartient-il au passé ou a-t-il encore un avenir ?*

– couleurs douces : *atmosphère de calme, de tranquillité*;

– les fils et les aiguilles qui sortent du coussin : *complexité du travail de broderie*;

– solitude de la jeune fille : *le travail est un engagement personnel*;

– elle est la seule femme sur les cinq images : *le travail est-il (ou a-t-il été) une prérogative masculine? Y a-t-il des travaux « féminins » (couture, etc.) et des travaux « masculins » ?*

Chaque participant, à la lumière des significations découvertes par les autres, pourra éventuellement reconsidérer son choix, ou réviser sa représentation spontanée du travail.

Un prolongement de cette activité pourrait être de rechercher d'autres images, exprimant d'autres aspects du travail non présents dans les cinq images étudiées.

2. *Textes littéraires*

LE LABOUREUR ET SES ENFANTS

Travaillez, prenez de la peine :
C'est le fonds qui manque le moins.
Un riche Laboureur, sentant sa mort prochaine,
Fit venir ses enfants, leur parla sans témoins.

Gardez-vous, leur dit-il, de vendre l'héritage
Que nous ont laissé nos parents.
Un trésor est caché dedans.
Je ne sais pas l'endroit ; mais un peu de courage
Vous le fera trouver, vous en viendrez à bout.
Remuez votre champ dès qu'on aura fait l'Oût.
Creusez, fouillez, bêchez ; ne laissez nulle place
Où la main ne passe et repasse.
Le père mort, les fils vous retournent le champ
Deçà, delà, partout ; si bien qu'au bout de l'an
Il en rapporta davantage.
D'argent, point de caché. Mais le père fut sage
De leur montrer avant sa mort
Que le travail est un trésor.

Jean de La Fontaine

Cette fable suscite plusieurs questionnements :

1) *Sur la conception du travail qui se dégage de la fable* : au premier abord, elle est positive ; elle s'exprime d'emblée sous la forme d'un commandement (« Travaillez, prenez de la peine »).

Mais à y regarder de plus près, les choses sont plus complexes. Pourquoi le laboureur ne formule-t-il pas d'emblée cette recommandation à ses enfants, puisqu'il est convaincu de sa justesse ? La réponse (à faire trouver par les participants) est évidente : c'est parce qu'il sait qu'elle sera mal reçue. Il sait que le travail n'est pas spontanément appréhendé comme positif, mais au contraire comme quelque chose d'ennuyeux, de rébarbatif, dont il faut se dispenser autant qu'il est possible.

C'est pourquoi il propose à ses enfants le contraire du travail : la richesse obtenue sans efforts, permettant de vivre sans rien faire. La découverte d'un trésor symbolise ce fantasme. Qui n'a rêvé de gagner au Loto ou à l'Euromillion pour pouvoir passer le reste de sa vie dans l'oisiveté ? Qui ne s'est demandé ce qu'il ferait s'il gagnait le gros lot ?

La fable part donc de la représentation spontanée, courante, habituelle du travail. Il pourra être intéressant de demander à chacun si c'est la sienne : continuerait-il à travailler s'il gagnait à l'Euromillion ? Pourquoi ? Comment ?

2) *Sur la « pédagogie » du Laboureur* : il trompe sciemment ses enfants, puisqu'il leur annonce un trésor qu'il sait ne pas exister. On pourra discuter sur cette stratégie : pourquoi l'adopte-t-il ? A-t-il raison ? Est-il légitime de faire croire aux gens des choses fausses pour changer leurs comportements et leurs convictions ? Est-ce efficace ?

3) *Sur la finalité du travail dans le texte* : la seule justification du travail avancée dans la fable, c'est l'argent : grâce au travail des enfants, le champ « rapporte davantage ». Justifier le travail par le seul profit matériel et financier qu'il procure, est-ce vraiment le justifier ?

A cet égard, on pourra comparer cette fable avec une autre : *Le Savetier et le Financier*. Contrairement au Laboureur, le Savetier ne travaille pas pour l'argent : il ne sait même pas combien il gagne par an, et il « n'entasse guère un jour sur l'autre » : « ce n'est point sa manière de compter de la sorte ». Il lui suffit que « chaque jour amène son pain ».

Le fait qu'il chante « du matin jusqu'au soir » montre que son travail est source de joie en lui-même, indépendamment des gains qu'il procure. Quand le Financier lui offre l'équivalent d'un trésor, à savoir cent écus, qui représentent pour lui une somme gigantesque, c'est alors qu'il perd le sommeil et ses chansons. A la fin de la fable, il rend l'argent pour retrouver « ses chansons et son somme », ce qui montre bien qu'il travaille pour de tout autres raisons. Lesquelles ? Ce peut être l'objet d'une réflexion collective.

ACTIVITÉS A DOMINANTE ARGUMENTATIVE

1. *Choix d'énoncés*

Parmi les énoncés ci-dessous, choisir celui dont on se sent le plus proche et celui dont on se sent le plus éloigné. Dire pourquoi.

1) Travailler, c'est se sentir utile.

2) Le travail distingue l'homme de l'animal. Les animaux ne travaillent pas.

3) Le travail permet de ne dépendre de personne.

4) Travailler, c'est être solidaire des autres et coopérer avec eux.

5) Le travail est une souffrance.

6) On ne travaille que pour satisfaire des besoins : manger, s'habiller, se loger, etc.

7) Travailler, ça fait grandir.

8) Le travail est un mal nécessaire. Le jour où on pourra s'en passer, ce sera bien.

9) L'oisiveté est la mère de tous les vices (proverbe).

10) L'homme a besoin d'occupations et même de celles qui impliquent une certaine contrainte. On ne peut pas toujours s'amuser.

Les dix énoncés proposés présentent, dans le désordre, des jugements positifs et négatifs sur le travail. Ils énoncent des justifications diverses : l'utilité, le lien social et la solidarité, la vertu moralisante du travail, l'autonomie, la satisfaction des besoins.

On est ici dans une activité à la fois de conceptualisation et d'argumentation.

Après que chaque participant aura exprimé et justifié ses choix (positif et négatif), on peut tenter une synthèse en formulant le concept sous-jacent à chaque énoncé.

Ces concepts pourraient être les suivants : utilité (1), humanité (2, 10), autonomie (3), solidarité (4), effort (5), besoin (6), accomplissement, épanouissement, développement (7), morale (9).

Avec des enfants, on n'ira probablement pas jusque là. On se limitera – et c'est déjà beaucoup – à la conclusion qu'on peut travailler pour des raisons très diverses (que les enfants exprimeront avec leurs mots) et que ce n'est pas seulement par obligation ou par nécessité.

2. *Débat*

Chacun des énoncés ci-dessus peut faire l'objet d'une discussion. Il suffit de mettre l'énoncé sous une forme interrogative. On privilégie alors l'activité de problématisation.

Le problème sous-jacent à presque toutes les questions est celui de la nécessité du travail. Il a été posé récemment dans le débat présidentiel français à propos du revenu universel. Les progrès de l'automatisation et de la robotisation permettent-ils d'envisager que dans le futur les hommes n'aient plus besoin de travailler ? Faut-il dès à présent préparer cette éventualité en mettant en place un « revenu d'existence » versé sans conditions à tous ?

Ces questions peuvent intéresser tout le monde, y compris les enfants. Par leurs lectures et surtout les films, les séries, les jeux vidéos qu'ils pratiquent, ils sont très sensibles au thème du robot se substituant à l'homme pour de nombreuses tâches. Dans leur vie quotidienne, ils voient que de nombreuses activités habituellement confiées aux humains sont désormais assurées par des machines, comme par exemple les caisses du supermarché. Ils sont donc tout à fait capables de s'interroger sur ce que sera le travail dans le futur, si l'on continuera à travailler quand ce ne sera plus absolument nécessaire – et pour quelles raisons.

La question pourrait être formulée ainsi : *Le travail est-il indispensable à l'homme ?*, ou encore *Pourquoi travaille-t-on ?*

Le débat peut donner lieu à une synthèse qui peut prendre diverses formes, comme par exemple un tableau récapitulant, en les regroupant par affinités, les justifications avancées par les participants. A titre d'exemple, voici le tableau fait par un groupe d'adolescents à l'issue de leur discussion :

Justification	*Aspects positifs*	*Aspects négatifs*
gagner de l'argent	« gagner sa vie », vivre correctement, être autonome	obsession du gain, société de consommation
agir avec les autres	solidarité, coopération	compétition, concurrence, subordination (hiérarchie)
créer, produire, être utile aux autres	travail de l'artisan, de l'ingénieur, du médecin, etc.	travail à la chaîne répétitif ; stress, souffrance au travail
acquérir des compétences, devenir plus fort, plus endurant, plus habile, etc.	« bonnes habitudes »	
avoir un vrai métier		« petits boulots » ennuyeux et peu formateurs

PHILOSOPHER EN TERMINALE

1) *Les images du photolangage* sont susceptibles d'illustrer ou symboliser les principaux points d'un cours sur le travail. Celui-ci devra en effet traiter des différentes conceptions du travail :

– *la conception antique* le considère comme une activité servile, méprisable et dégradante. Elle peut être analysée à partir du tableau de Caillebotte, en recherchant les traits qui expriment cette signification (dos courbés et nus, tête penchée des raboteurs totalement absorbés par leur tâche, poussière et saleté du parquet qu'ils rabotent, etc.) ;

– *la conception libérale et capitaliste*, issue de l'éthique protestante (*cf.* Weber) en fait une activité à la fois individuelle et collective, source d'accomplissement personnel, liée à l'aventure et au risque. La photo des ouvriers new-yorkais déjeunant sur une poutre en plein ciel exprime cette idée. Ici encore on pourra tenter d'en recenser tous les signes (*cf.* commentaire de l'image dans la fiche);

– *la conception marxiste et post-marxiste* en fait (dans la société capitaliste) un principe d'aliénation, d'oppression et de déshumanisation. L'image de Charlot dans les *Temps modernes* est emblématique de cette conception; elle peut aussi servir à illustrer le taylorisme qui a transformé les conditions du travail au XXe siècle. On pourra amorcer à partir d'elle une réflexion sur la métaphore de l'engrenage et ses divers sens symboliques;

– *le travail artisanal* s'inscrit en marge de ces oppositions : il échappe à la fois à la servitude de l'esclave et au collectivisme du travail moderne. La *dentellière* de Vermeer exprime cette marginalité (solitude et concentration de la dentellière, minutie de ses gestes, etc.). On pourra se demander quel sens peut avoir aujourd'hui le travail artisanal dans la société actuelle et future : est-il archaïque et dépassé ou bien les progrès technologiques (impression 3D, conception assistée par ordinateur permettant une grande individualisation des produits, etc.) lui donnent-ils au contraire un nouvel essor ?

2) *Choix d'énoncés* : on trouve très souvent proposés au baccalauréat des sujets invitant à évaluer le sens du travail : « Le travail est-il pour l'homme moderne, un droit ou une fatalité ? » (Clermont-Ferrand, 1985); « Pourquoi travailler ? » (Clermont-Ferrand, 1984), « Qu'est-ce qui justifie le travail ? » (1984, Nice), « Peut-on affranchir le travailleur de toute servitude ? » (Lille, 1988).

Les dix énoncés fournissent des éléments de réponses à ces questions. Chacun doit être discuté, apprécié, relativisé. On peut par exemple tenter de les classer de 1 à 10 en fonction de leur degré de pertinence. Ou encore organiser un cheminement passant par tous, mais en fonction d'une progression bien définie et structurée. On distinguera ainsi les justifications utilitaristes du travail (énoncés 1,3, 6), morales (énoncé 9), anthropologiques (énoncés 2,7, 10), sociales (énoncé 4).

Bien entendu, d'autres justifications peuvent être envisagées, ce qui permettra de compléter la liste des énoncés en en inventant d'autres. On aura ainsi tout naturellement élaboré le canevas d'une dissertation, par une démarche transposable dans d'autres domaines et pour d'autres sujets.

INDICATIONS BIBLIOGRAPHIQUES

Christophe Dejours, *Travail vivant*, tome 2 : *Travail et émancipation*, Paris, Payot, 2013.

André Gorz, *Métamorphoses du travail*, Paris, Folio-Gallimard, 2004.

Dominique Méda, *Le travail, une valeur en voie de disparition ?* Paris, Aubier, 1995

Jeremy Rifkin, *La fin du travail*, Paris, La Découverte, 1996.

Jean-Pierre Séris, *Qu'est-ce que la division du travail ?*, Paris, Vrin, 1994.

FICHE N° 4 : LE BONHEUR

Enjeux et questionnements

On peut s'étonner que le bonheur fasse partie des questions et des notions philosophiques. En effet autant la liberté, la justice, la vérité sont des idées relativement claires, sur lesquelles on peut avoir des positions différentes (la liberté existe ou n'existe pas, la justice dépend du mérite ou elle est égale pour tous, etc.), autant il est paradoxal d'affirmer que le bonheur puisse être une idée.

Tout d'abord il relève de l'affectivité et non de la pensée : c'est un ressenti et non un concept. Ensuite, comme on l'a souvent fait remarquer, chacun a sa représentation du bonheur : il suffit, dans un atelier philo, de faire un tour de table pour constater que chacun en donne sa propre définition. Enfin, peut-on dire que le bonheur intervient dans la vie quotidienne de chacun ? Dans et par mes actions, je peux rechercher le plaisir, ou davantage de bien-être, ou plus de justice dans le monde, ou la vérité. Mais y a-t-il une seule action dont on puisse dire qu'elle vise le bonheur ?

Dès lors, quel intérêt de réfléchir et discuter sur une notion aussi floue ? Il faudrait d'abord pouvoir le distinguer de notions voisines, comme le plaisir, la joie, le bien-être, l'utilité, etc. Ce sera déjà l'objet d'une recherche dont le résultat n'est pas évident.

La définition qu'en donne Kant, « l'état de complète satisfaction de tous nos penchants », est reprise par Frédéric Lenoir : « un état global et durable de satisfaction ». Elle est paradoxale : est-ce qu'on connaît tous ses penchants ? Freud et la psychanalyse nous ont appris qu'il y a des pulsions inconscientes.

Comment puis-je savoir si un penchant inconscient est satisfait ? D'autre part, la définition parle « d'état durable ». Cela suppose une constance non seulement dans le passé, mais aussi dans l'avenir. Or, par définition l'avenir est incertain : une catastrophe peut m'accabler demain, sans parler de la mort. L'idée d'un état de satisfaction « durable » n'est-elle pas contradictoire ? Comme le dit Alain, « il y a un genre de bonheur qui ne tient pas plus à nous qu'un manteau » [1].

Alain en tire la conclusion « qu'il faut vouloir être heureux et y mettre du sien ». Nouveau paradoxe : comment le bonheur peut-il être un devoir ? Peut-on prescrire d'être heureux ? L'affirmer, n'est-ce pas une insulte à tous ceux qui, dans le monde, sont malheureux, soit à cause de leurs conditions de vie (famine, misère, guerres), soit à cause d'événements cruels (perte d'un être aimé, accident ou maladie entraînant des séquelles invalidantes, etc.) ?

Contrairement aux exigences morales, qui relèvent du court terme (ne pas mentir, ne pas tuer, ne pas voler, etc.), le bonheur constituerait un « devoir à long terme », car comme dit Aristote, « ce n'est ni un seul jour ni un court intervalle de temps qui font le bonheur » [2]. En outre, peut-on être heureux tout seul ? Puis-je être réellement heureux si autour de moi il y a plein de gens malheureux ? Si l'on répond non à ces questions, alors le concept de bonheur serait non seulement un « devoir à long terme », mais aussi une exigence collective plutôt que personnelle. En témoigne l'utilisation de plus en plus fréquente du concept par des sociologues et des économistes [3], et la publication annuelle, depuis 2014, d'un « indice mondial du bonheur » permettant de classer tous les pays en fonction d'un certain nombre de paramètres : niveau de vie économique, mais aussi degré de

1. Alain, *Propos sur le bonheur*, Paris, Folio-Gallimard, 2013, p. 203.

2. Aristote, *Ethique à Nicomaque*, I, 7, Paris, Vrin, 1990.

3. *Cf.* entre autres, Claudia Senik, *L'économie du bonheur*, Paris, Seuil, 2014

liberté, de générosité, de respect mutuel, d'affects positifs et négatifs (http://worldhappinesse.report).

Activités à dominante interprétative

1. *Photolangage*

1 2 3 4 5

1. Enfants souriants
2. Matisse, *La danse*
3. Piscine dans la villa de luxe *Mustiquevilla*
4. *Paysage de la Chartreuse*
5. Charlot (Charles chaplin)

Les cinq images proposées constituent cinq représentations du bonheur – parmi évidemment bien d'autres possibles.

Rappelons qu'il convient de les présenter sans commentaire, pour ne pas influencer les choix. On demandera simplement de choisir l'image la plus proche de l'idée qu'on se fait du bonheur.

Lorsque chacun aura exprimé et justifié son choix, on peut revenir sur les images et préciser avec les participants, pour chacune, les traits essentiels et les significations qui s'en dégagent par rapport à la représentation du bonheur.

1) **Photo d'enfants souriants** :

– le bonheur associé à *la pureté, l'innocence, l'insouciance* ;

– mais aussi à *l'idée de jeu, de plaisirs gratuits, désintéressés* ;

– et à *la jeunesse, la spontanéité, la créativité, le dynamisme, etc.*

2) ***La Danse* de Matisse** :

– les danseurs qui forment une ronde : *dimension collective du bonheur* ;

– la nudité des corps : *le bonheur lié à une libération, au retour à l'essentiel* ;

– la danse : *le bonheur est une expression de soi ; caractère global du bonheur (à la fois corporel et spirituel).*

3) **Photo de maison avec piscine** :

– luxe du décor : *le bonheur lié à l'aisance matérielle, voire à la richesse, à la réussite sociale* ;

– les fauteuils autour de la piscine : *le bonheur lié au loisir, au farniente, à la libération des soucis matériels* ;

– le palmier à l'arrière-plan : *exotisme.*

4) **Paysage de la Chartreuse au soleil couchant** :

– le bonheur associé à la *contemplation des beautés de la nature* ;

– il implique donc une certaine *distance par rapport à la vie sociale, ses codes et ses conventions* ;

– il peut aller jusqu'à une *immersion, fusion avec le cosmos.*

5) **Charlot** :

– *innocence, pureté* (comme chez les enfants, mais étendue à toute la vie) ;

– mais aussi *distance, indifférence aux conventions sociales* ;

– et surtout *humour, gaîté, approche enjouée de la vie.*

2. *Poème*

Le bonheur est dans le pré. Cours-y vite, cours-y vite.
Le bonheur est dans le pré, cours-y vite. Il va filer.
Si tu veux le rattraper, cours-y vite, cours-y vite.
Si tu veux le rattraper, cours-y vite. Il va filer.
Dans l'ache et le serpolet, cours-y vite, cours-y vite,
dans l'ache et le serpolet, cours-y vite. Il va filer.
Sur les cornes du bélier, cours-y vite, cours-y vite,
sur les cornes du bélier, cours-y vite. Il va filer.
Sur le flot du sourcelet, cours-y vite, cours-y vite,
sur le flot du sourcelet, cours-y vite. Il va filer.
De pommier en cerisier, cours-y vite, cours-y vite,
de pommier en cerisier, cours-y vite. Il va filer.
Saute par-dessus la haie, cours-y vite, cours-y vite,
saute par-dessus la haie, cours-y vite. Il a filé !

Paul Fort [1]

Ce poème très connu de Paul Fort illustre certains des aspects du bonheur qui auront été découverts par le photolangage. Mais il permet aussi de les relativiser. Le rythme haletant du poème (« cours-y vite » répété à chaque vers) suggère l'idée que le bonheur est fugitif, insaisissable, évanescent.

On pourra réfléchir ensemble aux raisons susceptibles d'expliquer ce caractère fugace : le bonheur est moins un état qu'un passage (« dans l'ache et le serpolet », « de pommier en

1. Paul Fort, « Le bonheur est dans le pré », *Ballades françaises*, © Paris, Flammarion, 2017.

cerisier ») ou un flux (« sur le flot du sourcelet »); il implique un effort difficile, un geste plus ou moins acrobatique (« saute par-dessus la haie »). Avec les participants, on cherchera des exemples vécus par chacun de cette fugacité.

D'autre part, le poème, en ne décrivant jamais le bonheur directement, mais seulement par les lieux où il se produit, suggère l'idée que le bonheur est non seulement insaisissable, mais indéfinissable, irreprésentable – un peu comme un oiseau qu'on n'a pas le temps d'apercevoir tant il vole vite, et encore moins de connaître son espèce.

A la limite, le bonheur apparaît comme une pure trace; on n'en prend conscience que lorsqu'il n'est plus là, et seulement pour le regretter. Le bonheur, dans cette perspective, se vivrait au passé (« il a filé ») et au futur (« il va filer »), mais jamais au présent.

3. *Chanson*

Résiste
Chanson de France Gall/ Michel Berger
Paroles disponible sur :
https : //www.paroles.net/michel-berger/paroles-resiste

Commentaire

L'étude des significations du bonheur dans ce texte peut être l'occasion d'une réflexion intéressante. Dans la première strophe, le bonheur s'oppose à une vie trop réglée, trop organisée, trop dirigée de l'extérieur par des instances anonymes (« on t'organise », « on te fait danser sur une musique sans âme »). L'exigence du bonheur correspond alors à un mouvement de réappropriation de soi (« Prouve que tu existes »), d'émancipation par rapport à ces dominations diverses et indéterminées, d'affirmation de sa liberté propre face à des contraintes aliénantes et oppressives. Elle va de pair avec un progrès de la connaissance de soi (« savoir où on va »). Le thème de la résistance, qui fait le leitmotiv de la chanson, accentue l'aspect politique de ce combat, puisque le mot même évoque la résistance contre l'occupation nazie et plus généralement contre toute forme d'oppression.

Mais dès la strophe suivante les choses se compliquent. La recherche du bonheur s'oppose à un « monde égoïste » : thèse surprenante, car si chacun recherche son bonheur propre, qu'est-ce là d'autre qu'une forme d'égoïsme ? Affirmer que « ce monde n'est pas le mien », suivre « son cœur qui insiste » au détriment des finalités collectives, n'est-ce pas se couper du monde, donc des autres, et refuser toute forme de solidarité pour revendiquer un bonheur purement personnel et individuel ? Il y a là un thème de discussions qui peuvent être passionnées.

La troisième strophe accentue encore le paradoxe. Car ce monde qu'il faut refuser offre « tant de libertés pour si peu de bonheur ». Alors qu'initialement liberté et bonheur semblaient aller de pair, voilà maintenant qu'ils s'opposent ! La société semblait oppressive : elle est désormais identifiée à l'octroi de « libertés » innombrables, qu'il conviendrait d'abandonner. Qu'est-ce donc que ces « libertés » qui n'en valent pas la peine ? Ici encore la réflexion commune trouvera à s'exercer…

La fin de la strophe introduit le thème de l'amour : c'est l'amour qui seul donnerait le bonheur – l'amour associé à la puissance du rêve. Le bonheur serait donc lié à l'amour plutôt qu'à la liberté, à l'imaginaire plutôt qu'au réel. N'est-ce pas une manière détournée de suggérer qu'en définitive le bonheur n'existe pas – comme état réel, tangible, substantiel – et que c'est plutôt un fantasme – mais un fantasme nécessaire ? Si l'important est de « se coucher en ayant du rêve en soi », n'est-ce pas plutôt la nuit, dans la torpeur de l'endormissement, qu'on le trouvera, plutôt que dans la vie réelle diurne et active ? Cette question ne vaut pas que pour la chanson; ou plutôt la chanson pose ici une interrogation qui, subtilement, remet en cause la notion vulgaire, habituelle, convenue, du bonheur. Ce n'est sans doute pas pour rien que Michel Berger, l'auteur de la chanson, a fait des études de philosophie !

Activités à dominante argumentative

1. *Choix d'énoncés*

Parmi les énoncés ci-dessous, choisir celui qu'on approuve le plus et celui qu'on désapprouve le plus. Dire pourquoi.

N.B : Avant de faire effectuer le choix, s'assurer que les participants ont bien compris chacun des énoncés en leur demandant de reformuler ou d'expliciter brièvement chacun d'eux.

1) Le bonheur, c'est de ne commander à personne et de n'être pas commandé (Stendhal).

2) Le bonheur, c'est de ne pas souffrir (Schopenhauer).

3) Le bonheur est d'aimer bien plus que d'être aimé (Stendhal).

4) Le bonheur, c'est lorsqu'on découvre que l'on est capable d'une chose dont on ne se savait pas capable (Alain Badiou).

5) Le bonheur est impossible sur terre.

6) Pour être heureux, il faut avoir beaucoup de chance.

7) On ne peut pas savoir ce qu'est le bonheur. Chacun a sa propre conception du bonheur.

8) L'argent ne fait pas le bonheur (proverbe).

9) Le plaisir est le commencement et la fin de la vie heureuse (Epicure).

10) Dès qu'un homme cherche le bonheur, il est condamné à ne pas le trouver (Alain).

Commentaires

Ces dix énoncés proviennent soit de philosophes (Epicure, Schopenhauer, Alain, Badiou), soit d'écrivains (Stendhal), soit de proverbes ou de maximes communes.

Certains définissent le bonheur positivement (3,4, 6) ; d'autres négativement (1,2, 8).

Deux énoncés dénient toute possibilité de préciser ce qu'est le bonheur, soit parce qu'il est impossible (5), soit parce qu'il n'y a pas de définition objective et consensuelle (7).

L'énoncé 10 se situe un peu à part des autres : il fait du bonheur quelque chose qui arrive « par surcroît » ou « par surprise », à la condition de ne pas le viser explicitement.

Avec des enfants, on pourra simplifier cette liste pour ne retenir que cinq ou six énoncés, par exemple ceux qui définissent le bonheur comme plaisir (9), bonne chance (6), réalisation ou accomplissement de soi (4), capacité d'aimer (3), absence de souffrance (2).

Après l'expression des choix et leurs justifications (sous forme d'un tour de table), il est possible de revenir sur chaque énoncé pour récapituler les raisons pour et contre lui. Ce serait une façon de préparer le débat.

2. *Débat*

Plusieurs questions peuvent faire l'objet d'un débat et permettre d'utiliser les acquis conceptuels de l'exercice précédent. En voici quelques-unes, discutées dans des ateliers d'enfants ou d'adolescents :

– *Peut-on sentir qu'on est heureux ?*
– *Peut-on être heureux tout seul ?*
– *Peut-on partager le bonheur des autres ?*
– *Est-ce qu'on mérite son bonheur ?*
– *Pourquoi est-on parfois jaloux du bonheur des autres ?*

En tout état de cause, il est souhaitable de partir des questions qui ont émergé lors des activités précédentes. Le mieux est de les recenser, de les écrire au tableau, puis de voter pour choisir celle qui fera le sujet du débat.

La synthèse pourra se faire par exemple sous forme de tableau. Si l'on a parlé de la différence entre le plaisir et le bonheur, on peut recenser les points mentionnés dans le débat en faisant deux colonnes : plutôt bref / dure longtemps ; fragile (un petit bobo « gâche le plaisir ») / stable (résiste aux contrariétés) ; on peut en parler, l'expliquer, le partager / c'est difficile d'en parler, etc.

On peut aussi noter sur une grande feuille ou au tableau les réflexions les plus remarquables. Voici par exemple quelques réflexions énoncées par des élèves d'une classe Freinet de CM1-CM2. On pourrait très bien les proposer à la discussion collective d'un groupe.

Pierre : — C'est un sentiment, sans bonheur on ne peut pas vivre.

Nina : — Le bonheur de l'un peut faire le malheur d'un autre.

Guillaume : — Le bonheur, on n'en n'a pas forcément besoin pour vivre.

Eliséo : — On peut vivre sans bonheur, mais s'il n'y a que du malheur, on ne peut pas vivre.

Gabriel : — Le bonheur peut devenir malheur.

Léa : — On peut vouloir du bonheur à quelqu'un et lui apporter du malheur.

Lisa : — Il y a différents bonheurs : des grands bonheurs comme l'amour et des petits bonheurs comme être premier de classe.

Agathe : — Comment faire pour être heureux ?

Julien : — Le bonheur, c'est juste d'être, d'exister au monde.

PHILOSOPHER EN TERMINALE

1) *Chanson de Michel Berger « Résiste »* : cette chanson comporte une série d'images et de métaphores qui ont leurs équivalents argumentatifs et conceptuels. Le texte développe des oppositions qui appellent une interprétation. Il sera intéressant de procéder avec des élèves à cette « traduction herméneutique » d'un texte poétique en texte philosophique. Ainsi :

– « vie bien dirigée » = *oppression, sujétion* vs « Prouve que tu existes » = *affirmation de soi, autonomie* ;

– « tu t'oublieras vite », « sans savoir où tu vas » = *inconscience, aliénation* vs « Si tu réalises.. » « signe et persiste » = *prise de conscience, lucidité, clairvoyance* ;

– « danser sur une musique sans âme », « la vie n'est pas là » = *insensibilité, froideur, indifférence* vs. « suis ton cœur qui insiste » = *spontanéité, instinct, dynamisme interne* ;

– « ce monde égoïste » = *individualisme* vs « cherche ton bonheur partout » = *ouverture au monde, accueil de l'autre, mobilité* ;

– « sans aucun rêve en toi » = *pauvreté mentale, stérilité de la vie moderne* vs « cherche ton bonheur partout » = *richesse de l'imaginaire libéré.*

La chanson traite ainsi des conditions du bonheur selon cinq registres : la liberté, la connaissance, l'affectivité, le rapport aux autres (la socialité), l'imaginaire. Il serait intéressant de développer chacun de ces registres sous la forme d'un court essai. L'ensemble fournirait la matière d'une dissertation ayant pour sujet, par exemple : « Qu'est-ce qu'une vie heureuse ? ».

2) *Utilisation de la grille d'aide à la production de questionnements* (*cf.* première partie, chap. IX). On pourra s'inspirer des exemples donnés dans la première colonne à propos du bonheur pour préciser comment cette notion peut être problématisée en fonction de couples conceptuels « repères » : corps/ esprit, nature/ culture, liberté/ nécessité, conscient/ inconscient, etc.

Indications bibliographiques

Alain, *Propos sur le bonheur*, Paris, Folio-Gallimard, 2013.
Frédéric Lenoir, *Du bonheur, un voyage philosophique*, Paris, Le livre de poche, 2015.
Alexander Schnell (dir.), *Le bonheur*, Paris, Vrin, 2006.
Schopenhauer, *L'art d'être heureux*, Paris, Seuil, 2014.
Sénèque, *De la vie heureuse*, Paris, Arlea, 1989.
Claudia Senik, *L'économie du bonheur*, Paris, Seuil, 2014.

FICHE N° 5 : LA SOLITUDE

Être seul, est-ce bon ou mauvais ?

ENJEUX ET QUESTIONNEMENTS

Le thème de la solitude ne fait pas partie des questions philosophiques majeures, comme la liberté, la justice, le bien et le mal, etc. Dans la période antique, grecque et romaine, la guerre, la politique et même la philosophie sont des activités collectives. L'homme est un « animal politique » (Aristote); la solitude est toujours suspecte, comme celle de Philoctète, isolé dans l'île de Lemnos pour avoir trahi son serment.

Il en va de même au Moyen Âge, dominé par la religion, qui est par principe communautaire (malgré la prégnance de phénomènes comme l'érémitisme), et la société féodale, qui inscrit l'individu dans un ordre social complexe. La Renaissance, qui exalte un retour à l'Antiquité, ne contredit pas cette conception : les humanistes aussi vivent en communautés, comme l'abbaye de Thélème chez Rabelais ou l'île d'Utopie chez Thomas More.

C'est seulement à l'époque classique que la solitude commence à être valorisée. Descartes, en se retirant dans un logis pour méditer seul, trouve ainsi le chemin de la vérité. Il est le premier à faire de la solitude une démarche positive d'accomplissement personnel et non plus une malédiction. Daniel de Foe, avec *Robinson Crusoé*, poussera ce renversement jusqu'à l'extrême : Robinson sur son île trouve en lui les ressources pour recréer presque toute la civilisation. Rousseau exaltera les « rêveries du promeneur solitaire » comme la condition d'un retour à l'authenticité de la vie naturelle contre les méfaits d'une société pervertie et corruptrice.

Mais l'ancienne approche ne disparaît pas, comme en témoigne cette remarque de Diderot à l'intention de Rousseau précisément : « Il n'y a que le méchant qui soit seul ».

De là un premier questionnement : *la solitude est-elle un bienfait ou une épreuve ? Un accès au bonheur ou une malédiction à fuir absolument ?* En cette époque où les « réseaux sociaux » font fureur et où beaucoup de jeunes, mais aussi d'adultes ou de seniors, se sentent perdus s'ils en sont écartés, la discussion ne peut qu'être vive. Aujourd'hui encore, le thème de la « solitude des personnes âgées », qu'il faudrait combattre à tout prix, est un lieu commun : est-on si sûr que tous les seniors souhaitent qu'on s'occupe d'eux dès lors que leurs besoins matériels sont satisfaits ?

Cette question débouche sur une autre : *que faut-il pour que la solitude soit vécue comme un bienfait et non une souffrance ?* Quelles conditions permettent de l'accepter, voire de la rechercher au lieu de la fuir ? Chacun pourra ici parler de son expérience : pour certains, une immersion dans la nature (marche solitaire en forêt ou en montagne) est l'occasion d'un retour bénéfique à soi ; pour d'autres, c'est la méditation qui permet d'accéder à la « pleine conscience » en coupant provisoirement tous les liens, toutes les sollicitations de l'entourage ; pour d'autres encore, c'est la musique, la peinture ou l'écriture qui permettent de vivre une « solitude créatrice ».

Nietzsche écrit : « L'un va auprès de son prochain parce qu'il se cherche lui-même, et un autre parce qu'il aimerait se perdre. Votre mauvais amour pour vous-même fait pour vous de la solitude une prison » (*Ainsi parlait Zarathoustra*). Il ajoute : « Souffrir de la solitude, mauvais signe : je n'ai jamais souffert que de la multitude ». On pourra se demander, à sa suite, ce qui différencie le « mauvais amour pour soi-même », qui fait fuir la solitude, de l'amour authentique et bénéfique de soi, qui implique au contraire qu'on ne s'ennuie jamais en sa propre compagnie. La distinction que fait Rousseau entre l'amour-propre, qui repose sur la comparaison (et donc la compagnie des autres) et l'amour de soi, qui est un sentiment absolu et non relatif, sera éclairante de ce point de vue.

Activités à dominante interprétative

1. *Photolangage*

1

2

3

1. S. Botticelli, *La mélancolie*
2. Caspar David Friedrich, *Le voyageur contemplant une mer de nuages*
3. Rembrandt van Rijn, *Jérémie pleurant sur la ruine de Jérusalem*
4. Henri Rousseau, *Promenade dans la forêt*
5. Vincent Van Gogh, *Le vieil homme triste*

4

5

Les cinq images proposées offrent des illustrations contrastées de la solitude. Le fait qu'elles soient toutes des œuvres de peintres majeurs montre que ce thème est très présent dans la peinture – sans doute parce que peindre est en soi une activité solitaire.

L'expression et la justification des choix permettront de faire émerger les approches diverses que la solitude peut revêtir.

1) **Botticelli, *La mélancolie*** :

– visage caché de la femme, son attitude prostrée : *tristesse, repli sur soi, dépression* ;

– porte fermée, mur nu devant laquelle elle pleure : *idée d'exclusion, de relégation, de bannissement* ;

– vêtements épars sur les marches : *désarroi, dépouillement, abandon des attributs sociaux.*

2) **Caspar David Friedrich, *Le voyageur contemplant une mer de nuage*** :

– l'homme au sommet d'un rocher : *solitude associée à l'idée de domination, survol, surplomb* ;

– la mer de nuages : *solitude liée à l'oubli des détails, à la pensée vague, à l'ouverture sur l'infini, le sublime* ;

– l'attitude figée et contemplative du personnage : *idée de méditation, de rêverie, d'abandon.*

3) **Rembrandt, *Jérémie pleurant la destruction de Jérusalem*** :

– attitude prostrée du prophète, la main soutenant la tête : *affliction, découragement, désespoir* ;

– sa tête baissée, ses yeux fermés : *repli sur soi, renfermement* ;

– les vêtements somptueux qu'il porte (broderies) et les objets ouvragés (vase, etc.) qui l'entourent : *indifférence aux valeurs sociales.*

4) **Henri Rousseau, *Promenade en forêt*** :

– La femme qui marche : *errance, idée d'aventure solitaire* ;

– la forêt qui l'entoure : *communion, immersion dans la nature.*

5) **Vincent Van Gogh, *Le vieil homme en pleurs*** :
– attitude prostrée du vieillard, se tenant la tête et cachant ses yeux : *accablement, désespoir* ;
– vêtement très simple du personnage : *pauvreté, dénuement.*

Les discussions pourront tourner autour de la question de savoir si, dans ces œuvres, la solitude a une valeur positive ou négative. Incontestablement, elle est présentée comme positive, voire exaltante dans les œuvres 2 et 4 ; et négative, source de souffrance dans les œuvres 1, 3 et 5.

2. *Poésie(s)*

A la Santé

Que je m'ennuie entre ces murs tout nus
Et peint de couleurs pâles
Une mouche sur le papier à pas menus
Parcourt mes lignes inégales

(…) Que lentement passent les heures
Comme passe un enterrement

Tu pleureras l'heure où tu pleures
Qui passera trop vitement
Comme passent toutes les heures

(…) J'écoute les bruits de la ville
Et prisonnier sans horizon
Je ne vois rien qu'un ciel hostile
Et les murs nus de ma prison

(…) Nous sommes seuls dans ma cellule
Belle clarté Chère raison

Guillaume Apollinaire, *Alcools*

L'isolement

Souvent sur la montagne, à l'ombre du vieux chêne,
Au coucher du soleil, tristement je m'assieds.
Je promène au hasard mes regards sur la plaine,
Dont le tableau changeant se déroule à mes pieds.

(…) Mais à ces doux tableaux mon âme indifférente
N'éprouve devant eux ni charme ni transports;
Je contemple la terre ainsi qu'une ombre errante
Le soleil des vivants n'échauffe plus les morts.

(…) Que me font ces vallons, ces palais, ces chaumières,
Vains objets dont pour moi le charme est envolé?
Fleuves, rochers, forêts, solitudes si chères,
Un seul être vous manque, et tout est dépeuplé!

(…) Quand la feuille des bois tombe dans la prairie,
Le vent du soir s'élève et l'arrache aux vallons;
Et moi, je suis semblable à la feuille flétrie :
Emportez-moi comme elle, orageux aquilons!

Lamartine, *Méditations poétiques.*

Ces deux poèmes expriment tous deux une expérience de la solitude : le premier (Apollinaire) du fait de la prison; le second (Lamartine) du fait de la perte d'un être cher. Dans les deux cas cette solitude est contrainte : pour Apollinaire, par sa condamnation; pour Lamartine, par la mort de la femme qu'il aimait.

Ils devraient être à la portée même d'enfants de 10-11 ans (cycle 3), à condition d'être expliqués préalablement; une séance pourrait être consacrée à cette explication.

Ensuite, on pourra les relier aux tableaux étudiés dans le photolangage, en demandant de quelle œuvre chacun se rapproche le plus. On pourrait par exemple trouver une analogie entre le tableau de Friedrich et le poète lamartinien qui, assis

« sur la montagne », contemple la plaine à ses pieds. Ou entre le prisonnier Apollinaire et le vieillard qui semble pleurer dans une pièce sans ouverture.

Surtout, on pourra demander de relever les manifestations de la solitude dans chacune des deux situations :

– chez le prisonnier, l'ennui (1re strophe), l'impression de lenteur extrême du temps qui passe (2e strophe), les pleurs (3e strophe), l'observation des bruits lointains de la ville et des murs nus de la cellule (4e strophe). Les deux derniers vers, un peu énigmatiques, apportent seuls une note positive. On pourra s'interroger sur ce que signifie cette « chère Raison » qui est pour le détenu une « belle clarté » et le fait passer du « je » au « nous », c'est-à-dire à une situation qui donne à la solitude une nouvelle signification.

– chez l'amant endeuillé, au contraire, il n'y a pas d'enfermement, mais recherche de vastes espaces, promenade dans les montagnes pour contempler le paysage étalé à ses pieds. Certes, cette contemplation lui est indifférente et n'a plus aucun charme; mais elle lui rappelle les temps où ces promenades avaient un tout autre intérêt : il y était aussi seul que maintenant, mais cette solitude lui permettait de mieux se sentir proche de la femme aimée. On voit ici que la solitude peut avoir des significations opposées, d'où le vers célèbre : « Un seul être vous manque et tout est dépeuplé ».

Mais alors que le prisonnier, au fond de sa solitude, trouve en lui sa « chère raison » qui lui permet de supporter l'emprisonnement, le poète amoureux aspire à s'évader, à s'échapper dans les lointains, à s'abandonner au vent qui emporte au loin la feuille morte.

S'expriment ainsi deux « sorties » possibles de la solitude. D'un côté par l'intérieur, en trouvant en soi-même les ressources pour être, selon le mot de Hannah Arendt, « deux en un » et dialoguer avec soi, comme le prisonnier du *Joueur d'échecs* de Stefan Zweig surmonte son désespoir en faisant des parties d'échec avec lui-même. D'un autre côté, par l'extérieur, en se perdant dans le monde, en s'abandonnant au hasard d'errances sans destination ni intention.

Chaque participant pourra être invité à dire de quel poème il se sent le plus proche, et pourquoi. Chacun pourra évoquer des expériences personnelles qui se rapprochent de l'une ou l'autre situation.

Activités à dominante argumentative

1. *Choix d'énoncés*

Enoncés sur la solitude (*choisir celui avec lequel on est le plus en accord et celui avec lequel on est le plus en désaccord*).

1) La solitude est bienfaisante. On devient plus courageux et plus fort.

2) Être seul, ça ne peut que faire du mal et nous rendre plus faible et plus fragile.

3) La solitude fait partie de notre condition humaine. On ne peut pas y échapper.

4) L'enfer est tout entier dans ce mot : solitude (Victor Hugo).

5) On n'est jamais vraiment seul dans la société d'aujourd'hui.

6) Une seule chose est nécessaire : la solitude. Aller en soi-même, et ne rencontrer personne durant des heures, c'est à cela qu'il faut parvenir (Rainer Maria Rilke, *Lettre à un jeune poète*).

7) On peut être entouré de monde et pourtant se sentir seul.

8) Lire nous confirme que la solitude est un trésor (Sylvain Tesson).

9) Il vaut mieux être seul qu'avec des personnes méchantes ou stupides.

Ces énoncés constituent des jugements positifs (1,6, 7,8) ou négatifs (2,4) sur la solitude. Comme les activités précédentes, mais d'une manière plus conceptuelle et moins existentielle, le choix des uns ou des autres peut constituer un premier point de discussion.

D'autres énoncés posent un deuxième clivage. *La solitude est-elle une condition nécessaire, indépassable et incontournable de l'existence humaine?* C'est cette position qu'exprime par exemple la chanson de Maurane : « On dort les uns contre les autres/ on vit les uns avec les autres/ on se caresse, on se cajole/ On se comprend, on se console/ Mais au bout du compte/ On se rend compte/ Qu'on est toujours tout seul au monde ».

Ou bien *faut-il dire qu'aujourd'hui elle est devenue rare, sinon impossible, du fait de la connexion perpétuelle réalisée par les technologies numériques?* C'est un lieu commun qu'on entend beaucoup aujourd'hui que la solitude est devenue un luxe et que les gens sont devenus « accros » à leurs smartphones, qui leur permettent de n'être jamais seuls. Comment concilier ces deux thèses?

Enfin, certains énoncés évoquent des situations de solitude particulière : la méditation (6), la solitude au milieu d'une foule (7), ou encore la lecture (8). On pourra se demander ce qui différencie ces trois sortes de solitude, et d'autres encore que certains participants pourront proposer.

En fin de compte, cette activité peut permettre de prendre conscience *que la solitude ne se confond pas avec l'isolement physique.* Dans la lecture, la méditation, la création artistique ou littéraire, on est physiquement seul mais cet isolement permet d'entrer en relation avec des partenaires immatériels : les personnages du livre ou les idées de l'auteur dans la lecture; ses propres pensées dans la méditation; la nature ou la matière dans la création artistique.

2. *Débat*

Le débat pourra porter sur l'une des questions évoquées précédemment. On pourra aussi partir d'une citation d'auteur, comme par exemple :

1. « Il est bon, il est sain qu'un enfant ait ses heures d'ennui » (Bachelard). A faire débattre par les enfants eux-mêmes : est-il bon de s'ennuyer ?

2. « Rien ne peut être fait sans la solitude » (Picasso). On se demandera ce que signifie « faire » dans l'affirmation de Picasso.

3. « On ne peut être vraiment soi qu'aussi longtemps qu'on est seul. Qui n'aime pas la solitude n'aime pas la liberté, car on n'est libre qu'en étant seul » (Schopenhauer). Ici, aussi, que veut dire « être vraiment soi » ? Et pourquoi la liberté serait-elle liée à la solitude ?

4. « Non, je ne suis jamais seul avec ma solitude » (Georges Moustaki). Après avoir fait entendre la chanson, on pourra s'interroger sur le paradoxe de ce refrain qui semble énoncer une contradiction…

5. « Le secret d'une bonne vieillesse n'était rien d'autre que la conclusion d'un pacte honorable avec la solitude » (Gabriel Garcia Marquez, *Cent ans de solitude*). Que signifie « pacte honorable » ?

6. « On ne trouve pas la solitude, on la fait » (Marguerite Duras). Que peut signifier « faire sa solitude » ?

Enfin, le texte de Pascal sur la solitude et le divertissement demeure, même pour des enfants, une source de réflexions et de discussions inépuisables :

> Tout le malheur des hommes vient d'une seule chose, qui est de ne savoir pas demeurer en repos dans une chambre. Un homme qui a assez de bien pour vivre, s'il savait demeurer chez soi avec plaisir, n'en sortirait pas pour aller sur la mer ou au siège d'une place. (…) On ne recherche les conversations et les

divertissements des jeux que parce qu'on ne peut demeurer chez soi avec plaisir.
Mais quand j'ai pensé de plus près et qu'après avoir trouvé la cause de tous nos malheurs j'ai voulu en découvrir la raison, j'ai trouvé qu'il y en a une bien effective et qui consiste dans le malheur naturel de notre condition faible et mortelle, et si misérable que rien ne peut nous consoler lorsque nous y pensons de près [1].

PHILOSOPHER EN TERMINALE

1) *Photolangage* : les tableaux présentent des personnages ayant chacun un mode spécifique de solitude (*cf.* commentaires). La mélancolie (Botticelli), l'exaltation devant la nature sauvage et immense (Friedrich), le recueillement et la relation à Dieu (Rembrandt), la promenade et l'errance tranquille (Rousseau), la tristesse liée à la vieillesse et à l'approche de la mort (Van Gogh) sont autant de « manières d'être » qu'on pourra analyser de manière détaillée : quel est le *sens* de la solitude pour chacune ?

Il pourrait être intéressant de traiter le sujet : « Faut-il être seul pour être soi-même ? » (Paris, 1987) à partir de ces cinq œuvres, sous la forme d'un « essai » qui se demanderait en quoi chacun des personnages représentés est (ou n'est pas) « soi-même ».

2) *Poèmes de Lamartine et Apollinaire* : ces deux poèmes présentent deux formes très différentes de solitude (*cf.* commentaire). Ici encore, ils peuvent permettre de traiter un sujet comme : « La solitude est-elle sans valeur ? » (Pondichéry, 2014). Les deux poètes vivent une solitude subie et contrainte (prison, deuil), et l'on pourrait estimer que n'étant pas voulue elle est forcément « sans valeur ». Pourtant l'un et l'autre expriment, à la fin du poème, une lueur positive : pour Apollinaire, « la belle

1. Pascal, *Pensées*, Fragment « Divertissement »

clarté » de la « chère raison »; pour Lamartine, l'envol dans les « orageux aquilons ». Que signifient ces échappées ? Vers quelles valeurs pointent-elles ? Sont-elles compatibles ? Quelle libération procure la solitude ainsi poussée à l'extrême ? Ce sont là des questions qui peuvent nourrir une réflexion personnelle ou collective…

Les citations figurant dans la rubrique « Débat » et le texte de Pascal qui la clôt sont susceptibles de nourrir cette réflexion en lui apportant des arguments à développer. Ils peuvent aider à « expliciter et interroger le sens et la portée des contenus enseignés », comme le recommandent les instructions de l'IGEN (2016).

Indications bibliographiques

André Comte Sponville, *L'amour, la solitude*, Paris, Éditions Paroles d'Aube, 1992.

Jacqueline Kelen, *L'esprit de solitude*, Paris, Albin Michel, 2001.

Frédéric Lenoir, *Petit traité de vie intérieure*, Paris, Pocket, 2010.

Jean-Jacques Rousseau, *Rêveries du promeneur solitaire*, Paris, Le Livre de Poche, 2001.

FICHE N° 6 : LES ÂGES DE LA VIE

ENJEUX ET QUESTIONNEMENTS

La question des âges de la vie est rarement abordée par les philosophes. Sans doute est-ce parce que la philosophie considère l'homme comme une entité conceptuelle, c'est-à-dire une réalité dont on cherche à analyser la nature, les propriétés, ce qui la différencie d'autres réalités comme les animaux ou les plantes. En ce sens, la plupart des philosophes s'intéressent à l'homme plein et accompli, à savoir l'adulte libre, intelligent, responsable, actif, etc.

Tout au plus certains comme Platon, Kant et Rousseau (entre autres) réfléchissent aussi à la façon dont l'homme devient pleinement humain, c'est-à-dire à l'éducation. Cela les conduit à penser l'enfance, soit comme une préparation aux responsabilités de l'âge adulte (Platon), soit comme un état sauvage à dresser, discipliner, domestiquer (Kant), soit comme une période d'innocence avant les corruptions liées à l'état social (Rousseau).

Mais l'idée qu'être homme, ce soit passer par différents âges – l'enfance, l'adolescence, la jeunesse, la maturité, la vieillesse – cette idée revient à briser l'unité de l'homme. Elle embarrasse les philosophes, tout comme d'ailleurs la dualité des sexes masculin et féminin, peu abordée parce qu'on ne sait quel statut lui accorder.

De deux choses l'une en effet. Ou bien l'être humain est homme avec une nature unique – la liberté, la pensée, la conscience, la loi morale, etc. – et en ce cas les différences de sexe ou d'âge sont insignifiantes ; ce ne sont que des différences subalternes, empiriques, sans intérêt philosophique. Ou bien au contraire il n'y a pas d'être humain en soi, mais seulement des hommes et des femmes, des enfants et des adultes, des jeunes et des vieux – et en ce cas il faut accorder à ces distinctions essentiellement biologiques un statut qui dépasse la biologie.

De là un premier questionnement : qu'est-ce que l'âge change en moi ? L'enfant que j'étais (ou que je suis), en quoi est-il différent de l'adulte qui lui succède ? Qu'est-ce qui change quand de bébé je deviens enfant, puis jeune, puis adulte, puis vieux ? Et qu'est-ce qui ne change pas ?

Deux changements apparaissent plus importants que les autres. D'une part, « grandir », processus par lequel l'enfant progressivement devient adulte ; d'autre part, « vieillir », processus qui caractérise la fin de la vie, elle aussi plus ou moins progressive selon les individus.

Comment caractériser ces deux processus ? *Qu'est-ce qui distingue grandir et vieillir ?* La réponse habituelle est de les penser en termes de plus et de moins, d'augmentation et de diminution, d'acquisition et de perte. Grandir, ce serait acquérir ou augmenter ses capacités (physiques, intellectuelles, sociales, etc.). Vieillir, ce serait au contraire perdre ou voir diminuer ces mêmes capacités.

Mais, à y regarder de plus près, les choses sont moins simples. Grandir, c'est aussi perdre certaines qualités qu'on attribue à l'enfance : l'innocence, la spontanéité, la créativité, etc. Et inversement, la vieillesse est souvent associée à l'acquisition d'autres qualités qui lui seraient propres : la sagesse, l'expérience, la pondération, etc.

Il sera intéressant de discuter de ces lieux communs avec des enfants et/ ou des seniors. *Être un enfant, est-ce forcément être fougueux, enthousiaste, naïf, généreux, etc. ? Et vieillir, est-ce forcément perdre ses illusions, devenir blasé, sceptique, voire cynique ?*

Enfin, un dernier questionnement pourra porter sur les relations qu'entretiennent les différents « âges de la vie », c'est-à-dire les générations. Ici encore, spontanément, on est tenté de penser que chacune a son monde, ses manières de penser, de vivre, d'être heureux ou malheureux. On parle du « monde des enfants », du « monde des jeunes », du « monde des seniors » ; chaque classe d'âge vivrait entre soi, avec ses codes, ses valeurs, sa culture, ses réseaux, ses loisirs propres. Les relations entre elles seraient réduites, ou plutôt elles ne se développeraient qu'au niveau des rapports interindividuels, entre parents et enfants, ou grands-parents et petits-enfants dans le cadre familial ; ou entre enseignants et élèves dans le cadre scolaire.

Cette « ghettoïsation » des classes d'âge est-elle exacte ? Est-elle inévitable ? Que partagent, pourraient ou devraient partager les différents âges de la vie ? On retrouve ici le problème posé initialement, mais cette fois au niveau des relations sociales. Il se pose en particulier en ce qui concerne la représentation et le poids politique des différentes générations dans la société démocratique d'aujourd'hui. Sont-elles également ou équitablement représentées ? Est-on vraiment sorti de la gérontocratie qui caractérisait les sociétés pré-démocratiques ? Les jeunes se plaignent fréquemment de n'être pas compris ni entendus : comment peuvent-ils l'être ? Les seniors font aussi parfois entendre la même plainte : que vaut-elle ? Quand on compare le sort des jeunes d'aujourd'hui à celui des jeunes du temps des « Trente glorieuses », on parle souvent de « génération sacrifiée » : est-ce justifié ? La relation éducative est-elle nécessairement à sens unique, ou bien les enfants et les jeunes peuvent-ils apprendre des choses aux parents et aux adultes, voire aux seniors ? Autant de questions qui peuvent faire l'objet de discussions animées ...

Activités à dominante interprétative

1. *Photolangage*

Les images suivantes expriment chacune une conception ou un style de relations entre jeunes et vieux. Chaque participant sera invité à choisir celle qui est la plus proche de sa propre conception de ces relations ; puis à justifier son choix.

1

2

3

1. Jean Escoula, *Le bâton de vieillesse*
2. Domenico Ghirlandaio, *Portrait d'un vieillard et d'un jeune garçon*
3. Francisco de Zurbaran, *La défense de Cadix*
4. Jacob Jordaens, *Les jeunes piaillent comme chantent les vieux*
5. *Photo d'un cavalier avec son fils*

4

5

Voici les principales significations susceptibles d'émerger pour chaque image :

1) **Jean Escoula, *Le bâton de vieillesse*** :

– la jeune fille soutient la personne âgée : *relation d'aide et d'assistance des jeunes envers les vieux* ;

– la canne, le dos voûté de la vieille femme et de dépendance : *vieillesse identifiée à une situation de faiblesse* ;

– le visage et l'attitude de la jeune fille : *sentiments d'affection, mais aussi de compassion envers les personnes âgées.*

2) **Ghirlandaio, *Portrait d'un vieillard et d'un jeune enfant*** :

– L'enfant assis sur les genoux et posant sa main sur la poitrine du vieillard : *relation de tendresse réciproque entre l'aïeul et l'enfant* ;

– le nez bourgeonnant de l'aïeul : *décrépitude physique de la vieillesse mais à laquelle l'enfant est insensible*;

– les regards : *expression de confiance chez l'enfant; attitude de protection chez l'aïeul.*

– l'analogie entre les deux personnages et les deux montagnes du paysage : *correspondance entre les mondes humain et naturel.*

3) **Zurbaran, *La défense de Cadix*** :

– la tête tournée et dressée de l'officier âgé vers les plus jeunes : *relation de défi et de rivalité*;

– le bras levé et les chapeaux des jeunes officiers : *insolence, voire commisération des jeunes envers leur aîné*;

– le costume chamarré des jeunes et la sobriété relative de la tenue du vieil officier : *le souci ostentatoire de la jeunesse opposé au détachement que provoque la vieillesse (mais sa moustache bien taillée et ses cheveux bien coiffés dénotent cependant un certain souci de son apparence).*

4) **Jordaens, *Les jeunes piaillent comme chantent les vieux*** :

– la proximité festive des personnages : *relation de convivialité entre jeunes et vieux*;

– l'ambiance joyeuse de la scène : *oubli de la différence des âges*;

– toutefois les participants ne se regardent pas; chacun semble absorbé par sa propre gaieté sans qu'il y ait une véritable communion : *la fête n'empêche pas une certaine solitude.*

5) **Cavalier avec son fils** :

– relation éducative entre le père et son enfant : *transmission de savoirs, de compétences, etc.* ;

– sourire des deux : *partage d'expériences gratifiantes; la relation éducative est en soi source de plaisir*;

– le cheval évoquant les voyages, la mobilité : *découverte partagée du monde.*

2. *Chansons sur les âges de la vie*

Les chansons suivantes peuvent servir de point de départ à une réflexion sur les différents âges de la vie et à leurs relations mutuelles.

Claude Nougaro : *Cécile, ma fille*

Paroles disponibles sur le site :

https : //www.paroles.net/claude-nougaro/paroles-cecile-ma-fille

Jacques Brel, *L'enfance* [1]

> Qui peut nous dire quand ça finit
> Qui peut nous dire quand ça commence
>
> C'est rien avec de l'imprudence
> C'est tout ce qui n'est pas écrit
>
> L'enfance
> Qui nous empêche de la vivre
> De la revivre infiniment
> De vivre à remonter le temps De déchirer la fin du livre
>
> (…) L'enfance
> C'est encore le droit de rêver
> Et le droit de rêver encore

Claude Michel Schonberg : *Je veux redevenir petit*

Paroles disponibles sur le site :

https://www.paroles.net/claude-michel-schonberg/paroles-redevenir-petit

Jean Ferrat : *Nul ne guérit de son enfance*

Paroles disponibles sur le site :

https://lyricstranslate.com/fr/jean-ferrat-nul-ne-guérit-de-son-enfance-1991

1. Jacques Brel, *L'enfance*, © Bruxelles, Éditions Jacques Brel, 1973.

Claude Michel Schonberg : *Les enfants de mes enfants*
Paroles disponibles sur le site :
http://www.lyricsmatch.com/claude-michel-schonberg/les-enfants-de-mes-enfants

Renaud : *C'est quand qu'on va où ?*
Paroles disponibles sur le site :
https://www.paroles.net/renaud/paroles-c-est-quand-qu-on-va-ou

Commentaires

Toutes ces chansons sont disponibles sur YouTube. Il sera donc possible, avec un vidéoprojecteur et un ordinateur connecté à Internet, de les faire écouter avant ou après la prise de connaissance des textes.

Il n'est évidemment pas nécessaire de les utiliser toutes. Avec de jeunes enfants ou si l'on dispose de peu de temps, on pourra en choisir certaines seulement et amorcer une discussion collective à partir d'elles.

Elles ont en commun de porter sur la question des relations entre personnes d'âge différent, et notamment entre enfants et adultes. On peut esquisser pour chacune d'elles un questionnement et des pistes de recherche :

1) **Claude Nougaro, *Cécile, ma fille*** :

– Faut-il nécessairement avoir voulu un enfant pour l'aimer ? (« moi je n'en voulais pas ») = *part de surprise, d'imprévu dans la différence des âges* ;

– intérêt fondé sur *l'étonnement réciproque* (« qui est le plus étonné des deux ? ») : qu'est-ce qui, dans un enfant, étonne l'adulte ? Et qu'est-ce qui, dans les adultes, étonne les enfants ?

2) **Jacques Brel, *L'enfance*** :

– Peut-on définir et délimiter avec précision l'enfance, la jeunesse, l'âge adulte, la vieillesse ? (« Qui peut nous dire quand ça finit, quand ça commence ? »).

– Que peut signifier « revivre infiniment » son enfance ? Comment un adulte peut-il rester, d'une certaine manière, l'enfant qu'il a été ?

– Brel définit l'enfance par « le droit de rêver ». D'accord ou pas ?

3) **Claude Michel Schonberg,** ***Je veux redevenir petit*** :

– Le désir de « redevenir petit » ici exprimé est-il identique au désir de « revivre infiniment l'enfance » exprimé par Brel ?

– Qu'est-ce qui peut justifier ou motiver ce désir ? Que signifie-t-il ? Quelle place lui accorder ?

4) **Claude Michel Schonberg,** ***Les enfants de mes enfants*** :

– Il s'agit ici d'une relation avec des enfants qui n'existent pas encore. Quelle place occupe pour nous la pensée des générations futures ?

– Le chanteur veut « que pour eux la route soit prête ». Avons-nous une responsabilité envers les générations futures ? Le jugement qu'elles porteront sur nous (« rejetant la faute sur moi », « un monde sauvage et menteur ») doit-il compter pour guider nos actions présentes ?

5) **Renaud,** ***C'est quand qu'on va où ?*** :

– Il s'agit ici d'une mise en accusation de l'école (la discipline, les savoirs enseignés, les valeurs qu'elle inculque). D'accord ou pas avec cette critique ?

– Que signifie la question posée par l'enfant à son père : « C'est quand qu'on va où ? » Pourquoi cette double interrogation à la fois sur le but du chemin (« on va où ? ») et sur le moment d'y aller (« c'est quand ? »).

– A votre avis, le papa est-il en mesure de répondre ? Qu'est ce que vous, vous répondriez à cette double question ?

– Que penser des buts éducatifs proposés par la chanson (« l'essentiel à nous apprendre c'est l'amour des livres…, l'amour du prochain ») ? En quoi les « savoirs » indiqués (« savoir dessiner un peu, se servir d'une perceuse, allumer un feu, jouer du violoncelle ») s'opposent-ils à la culture scolaire ?

En quoi permettent-ils d'être « heureux » ? Que signifie, pour une fille, l'ambition de « savoir se servir d'une perceuse » ?

Activités à dominante argumentative

1. *Choix d'énoncés*

Parmi les énoncés suivants, choisissez celui que vous préférez et celui que vous rejetez le plus. Dites pourquoi.

1) On voit de la flamme aux yeux des jeunes gens, Mais dans l'œil du vieillard, on voit de la lumière (Victor Hugo) ;

2) Si jeunesse savait, si vieillesse pouvait… (proverbe).

3) Être vieux, c'est avoir tous les âges (Victor Hugo).

4) On grandit ou on vieillit, mais à l'intérieur, on reste toujours le même.

5) La jeunesse regarde devant, et la vieillesse derrière soi (Montaigne).

6) La jeunesse est le temps d'étudier la sagesse, la vieillesse est le temps de la pratiquer (Rousseau).

7) Les vieux et les jeunes ne peuvent pas se comprendre : ils sont trop différents.

8) On peut être vieux de corps et jeune d'esprit.

9) On ne donne pas assez de place aux jeunes dans la société d'aujourd'hui.

10) Il est normal que dans la société les plus âgés, qui ont plus d'expérience, aient plus de pouvoir.

Commentaire

Certains de ces énoncés sont des phrases de philosophes ou d'écrivains (Montaigne, Rousseau, Victor Hugo), d'autres expriment des opinions fréquemment entendues ou formulées lors de débats entre enfants. Certains sont compatibles, d'autres non.

Avant de soumettre ces énoncés au choix des participants, on pourra s'assurer qu'ils sont clairs et bien compris, par exemple en invitant à reformuler chacun d'eux – mais sans porter aucun jugement.

Après l'expression des choix (positifs et/ ou négatifs), la discussion pourra porter notamment sur les points suivants :

– Certains énoncés impliquent une forte différence entre jeunesse et vieillesse (1, 2, 5, 7). D'autres au contraire postulent la possibilité d'un rapprochement, d'une compréhension réciproque, voire d'une identité (3, 4, 8). Comment trancher ce débat ?

– Certains énoncés portent un jugement plutôt flatteur et positif sur la vieillesse (1, 6, 10); d'autres au contraire un jugement plutôt négatif (2, 5). Quel avis retenir ?

– La phrase de Hugo (énoncé 1) à elle seule peut offrir matière à discussion : comment comprendre la différence entre « la flamme » et « la lumière » ?

– Les deux derniers énoncés (9 et 10) posent la question du pouvoir des générations dans la société : l'âge est-il un critère dans le choix des gouvernants ? Si oui, en quel sens ? On peut en effet aussi bien justifier le privilège accordé aux plus âgés (en raison de leur expérience, de leur sagesse, de leur pondération, etc.) qu'aux plus jeunes (en raison de leur dynamisme, de leur enthousiasme, de leur volontarisme supposé).

2. *Débat*

De nombreux débats peuvent être organisés autour du thème des âges de la vie et des relations entre les générations. Il suffit de puiser dans les activités précédentes et dans l'introduction « Enjeux et questionnements » de la présente fiche pour trouver des sujets de discussion. Nous ne les reprendrons donc pas ici.

La plupart de ces questions tournent autour de quelques interrogations fondamentales :

1) *Qu'est-ce qu'être adulte? Qu'est-ce que grandir?* Comment passe-t-on de l'état d'enfant à l'état de « grande personne »? Nous renvoyons ici à la fiche « Qu'est-ce qu'une grande personne? » de notre recueil *Pratiquer la philosophie à l'école* [1] ainsi qu'à la fiche « Qu'est-ce que grandir? » de notre recueil *Les droits de l'enfant* (Les petits débats philo, Belin).

2) *L'âge est-il en lui-même un principe de supériorité? Est-il normal, légitime, que les plus âgés commandent aux plus jeunes?* Cette interrogation pose en particulier le problème de savoir si, face aux enfants, les adultes ont toujours raison.

Nous renvoyons sur ce point à la fiche « Les adultes ont-ils toujours raison? » du même recueil.

3) *Enfin, la vieillesse pose un problème particulier.* On voit facilement à quoi peut « servir » l'enfance : aux apprentissages, à l'éducation, à l'acquisition des connaissances et compétences nécessaires à l'entrée dans le monde d'aujourd'hui, dont la complexité et la dureté nécessitent un temps de plus en plus long de préparation. A cela s'ajoute que comme vu plus haut, l'enfance est en elle-même et par elle-même source de valeur : l'innocence, l'émerveillement, la spontanéité sont des qualités qu'on lui attribue volontiers et qui suffisent amplement à la justifier. L'enfance a donc un *sens* riche, divers et positif, comme en témoignent la poésie, la peinture, la littérature.

En revanche, on ne voit pas bien à quoi peut « servir » la vieillesse, quel est son « sens ». Ainsi qu'on l'a vu plus haut, elle apparaît essentiellement sous un aspect négatif, comme un déclin, une perte, une suite d'amoindrissements.

1. Elle est disponible gratuitement sur le site http://philogalichet.fr/telechargez-gratuitement-pratiquer-la-philosophie-a-lecole

Il sera donc intéressant de faire débattre autour de la question de savoir si « vieillir » peut avoir un autre sens que celui-là. Ce débat devrait pouvoir être vécu non seulement par les premiers concernés, les seniors, mais aussi par les enfants, qui sont très éloignés de la vieillesse et n'y pensent pas spontanément comme à quelque chose susceptible de leur arriver.

Certains enfants considèrent qu'il n'y a pas d'état intermédiaire entre grandir et vieillir : « Quand on a fini de grandir on est vieux [1] ». D'autres au contraire imaginent qu'ils vont assez vite cesser de grandir et que l'atteinte de l'âge adulte signifie une longue période de stabilité et d'identité : la vieillesse est repoussée très loin dans le temps, dans les dernières années de la vie; elle est alors associée à un affaiblissement.

Mais parfois, quelques enfants, à l'inverse, font débuter le vieillissement très tôt : « On peut dire qu'on vieillit un peu chaque jour ».

De même encore, certains enfants arrivent à penser la relativité des concepts de vieillesse et jeunesse : « Par rapport aux jeunes les plus âgés ils sont vieux et par rapport aux vieux les adultes ils sont jeunes ».

Le débat devrait donc faire éclater le caractère massif des représentations spontanées de l'enfance, de la jeunesse, de la maturité et de la vieillesse pour aller vers une approche plus différenciée et plus nuancée.

1. Cette citation et les suivantes sont extraites d'un script figurant dans la thèse de Gérard Auguet, *La discussion à visée philosophique au cycle 2 : un genre scolaire nouveau en voie d'institution?*, M. Tozzi (dir.), tome 2, *Corpus utilisé*, p. 351-360, Université de Montpellier 3, 2003.

PHILOSOPHER EN TERMINALE

Le thème des âges de la vie s'inscrit dans la rubrique « L 'existence et le temps » du programme. Les textes des chansons proposées concernent essentiellement la naissance, l'enfance, la parentalité. On pourrait y adjoindre la chanson de Brel, *Les vieux*, pour compléter ce parcours de la vie.

L'ensemble pourrait servir de matière au traitement d'un sujet comme : « Suis-je le même en des temps différents ? » (Besançon, 1987). Les chansons qui expriment la nostalgie de l'enfance (Ferrat, Brel) conduisent à s'interroger sur la « part d'enfance » qui demeure dans l'adolescent ou l'adulte. Qu'est-ce qui motive le souhait de « redevenir petit » de C. M Schonberg ? Pourquoi ce regret ou cette fascination de l'enfance si présente aujourd'hui dans les discours ? Pourquoi peut-on dire, avec Ferrat, que « nul ne guérit de son enfance » ?

On peut aussi traiter des sujets autour de la question de l'avenir et de la responsabilité envers les générations futures à partir de la chanson de C.M *Schonberg, Les enfants de mes enfants.* Comment peut-on se sentir responsable vis-à-vis d'êtres qui n'existent pas encore, et qui peut-être n'existeront jamais ? La chanson fournit des éléments de réponse à expliciter et développer notamment à partir du livre de Hans Jonas, *Le principe de responsabilité*.

Enfin, la chanson de Renaud *C'est quand qu'on va où ?* pose le problème de l'éducation, qui ne saurait être indifférent à des lycéens. Qu'est-ce qui légitime la discipline ? A quelles conditions l'enseignement des savoirs peut-il éviter d'être un « gavage » de « matières indigestes » ? Peut-on faire l'économie d'une réflexion explicite sur les finalités de l'éducation (« on va où ? ») ? Pourquoi l'essentiel est-il, selon Renaud, d'apprendre « l'amour des livres » et « l'amour de ton prochain » ? Que signifient les missions que Renaud assigne à l'école dans la fin du texte ?

INDICATIONS BIBLIOGRAPHIQUES

Eric Descamps, P.H Tavoilliot, *Philosophie des âges de la vie*, Paris, Hachette, 2009.
François Galichet, *Vieillir en philosophe*, Paris, Odile Jacob, 2015.
Alain Renaut, *La libération des enfants*, Paris, Bayard, 2002
Cécile Van de Velde, *Sociologie des âges de la vie*, Paris, Armand Colin, 2015.

FICHE N° 7 : LIBERTÉ, AUTONOMIE

ENJEUX ET QUESTIONNEMENTS

Le thème de la liberté est si classique en philosophie qu'il est difficile de savoir par quel bout le prendre. La question la plus fréquente est : « *Suis-je vraiment libre ou est-ce que je crois seulement l'être ?* ». Cette question est à première vue surprenante, car la liberté semble faire partie des évidences : comment puis-je douter que je fais librement ce que j'ai conscience de choisir sans contrainte ? Les philosophes introduisent le doute en multipliant les exemples d'expériences où des facteurs inconscients commandent les actions : l'ivresse, la passion, les émotions comme la colère, mais aussi les préjugés, l'éducation reçue, les influences sociales nous déterminent à notre insu. De Spinoza à Freud et aujourd'hui les neurosciences, nombreux sont les penseurs qui mettent en doute, ou du moins relativisent la réalité de notre libre-arbitre.

La liberté est souvent associée à une autre notion : l'autonomie. Alors que le concept de liberté est universel, la question de l'autonomie s'applique particulièrement à trois types de personnes. D'abord les enfants, dont l'éducation vise, dit-on, à les rendre autonomes – ce qui suppose qu'ils ne le sont pas initialement. Ensuite les personnes handicapées placées du fait de leur handicap dans une situation de dépendance physique ou morale qu'il s'agit de réduire autant que possible. Enfin les personnes âgées, dont les infirmités liées à la vieillesse réduisent l'autonomie : on cherchera à la maintenir par tous les moyens.

Contrairement à la liberté, l'autonomie concerne donc surtout le commencement et la fin de l'existence; elle est plus liée à certains âges de la vie qu'à d'autres.

Qu'est-ce qui différencie la liberté de l'autonomie? Étymologiquement, « libre » s'oppose au statut d'esclave; le mot désigne celui qui n'est soumis à aucune autorité et n'appartient à aucun maître. Sa signification est donc originellement négative : elle indique une absence de sujétion ou de contrainte. En revanche, dans « autonomie », il y a *nomos*, qui en grec signifie « loi ». *Est autonome celui qui se donne à lui-même sa propre loi* (au lieu de la recevoir d'un autre). Le terme désigne donc, non pas un vide de déterminations ou une infinité des possibles, mais l'invention d'une règle auto-produite qui sert de principe aux actions.

Le concept de liberté est plutôt – du moins à l'origine – d'orientation « anarchique » : est libre celui qui peut agir comme il l'entend, sans être limité par aucun pouvoir extérieur ni aucune inhibition intérieure. C'est d'ailleurs souvent ainsi qu'on le comprend, notamment les enfants qui l'identifient fréquemment à la possibilité de tout faire, y compris les actes interdits ou illégaux.

Le concept d'autonomie en revanche est plutôt orienté vers l'idée d'exigences ou de régulations avec lesquelles on s'identifie, qu'on s'approprie, qu'on intériorise au point qu'elles n'apparaissent plus comme des contraintes, mais comme des expressions de la volonté propre et personnelle.

Le problème de la liberté peut se décliner en plusieurs questions à la fois distinctes et connexes. Ainsi par exemple :

– *Quand je dis : « Ça m'est égal », est-ce que je suis libre?* (problème philosophique de la liberté d'indifférence, c'est-à-dire du choix entre deux possibilités qui ne suscitent pas plus d'intérêt l'une que l'autre).

– *Quand je suis passionné par quelque chose, est-ce que je suis libre?* (Qu'est-ce qui distingue une passion qui rend libre d'une passion qui asservit ?).

– *Est-ce qu'on peut être libre tout seul?* (Robinson, sur son île, est-il vraiment libre ?).

Au fil de la discussion autour de ces questions (et d'autres), on pourra être conduit à noter quelques conditions de la liberté véritable : pour être libre, il faut se sentir concerné, intéressé par les choix, donc avoir des préférences ; mais il faut aussi être capable de justifier ce choix devant les autres, être prêt à le défendre (si j'ai honte de ce que j'ai choisi de faire, c'est que je n'ai pas été vraiment libre). Un acte libre augmente mes possibilités de choix, me découvre de nouveaux aspects du monde, la liberté se renforce elle-même (ex. : voyager, lire des romans, rencontrer des gens, etc.) ; inversement un acte contraint rétrécit mes possibilités, rapetisse le monde (ex. : alcool, toxicomanie). En un sens, je suis bien « libre » de devenir alcoolique ou toxicomane, délinquant ou violent ; mais ce faisant je diminue mes marges d'action, je m'enferme, aux yeux des autres et finalement de moi-même, dans un statut ou une image stéréotypée.

L'autonomie peut elle aussi avoir plusieurs aspects, qu'on pourra explorer lors des discussions à ce sujet. On peut en distinguer au moins trois :

1) *L'autonomie comme appropriation d'une règle ou d'un ensemble de règles.*

Être autonome, dans ce cas, c'est être capable d'agir conformément à des principes d'action qui permettent de mener une existence digne, intéressante, épanouissante, mature, et de participer à la vie sociale sans avoir besoin d'une aide ou d'un contrôle externes.

Exemples : être capable d'appliquer seul des règles de grammaire, d'orthographe, de calcul, etc. ; de respecter les procédures requises dans une situation donnée (règles de secourisme, code de la route, confection d'une recette de cuisine, gestion de ses affaires courantes, etc.); de trouver soi-même les informations dont on a besoin, etc. Pour les personnes âgées, continuer à respecter les règles de convenance, d'hygiène, de convivialité qui permettent la vie sociale.

2) *L'autonomie comme créativité, inventivité, originalité*

Être autonome dans ce cas, c'est être capable de s'écarter des règles s'il le faut, de faire face à des situations imprévues, d'affirmer sa personnalité, d'affronter l'exceptionnel, mais à partir de raisons mûrement réfléchies et motivées, donc toujours « auto-nomes ».

Exemples : savoir inventer des solutions là où elles ne sont pas données à l'avance; savoir imaginer des procédures originales, non académiques, pour résoudre un problème; savoir désobéir aux ordres dans des cas extrêmes. Pour les personnes âgées, savoir accueillir des événements inattendus, ou des expériences qui bousculent les habitudes, les préjugés, les idées reçues.

3) *L'autonomie comme réflexivité, équilibre, maturité*

Être autonome, dans ce cas, c'est être capable de lucidité, d'auto-analyse de ses pratiques; connaître leur contexte social, économique, culturel, psychologique, afin de pouvoir en apprécier les conséquences; gérer la culpabilité sans pour autant éluder ses responsabilités.

Exemples : pouvoir justifier, pour soi et pour les autres, les raisons d'une décision, d'un comportement; faire preuve d'un « souci de soi », être capable de se « gérer soi-même » afin d'éviter le stress, l'angoisse, les craintes irraisonnées; être capable de s'engager avec d'autres pour préserver des conditions de vie correctes. La pratique personnelle ou collective du philosopher est un moyen privilégié de développer cette dimension de l'autonomie.

On pourra rechercher, lors des discussions, des exemples vécus pour chacun de ces trois aspects.

ACTIVITÉS À DOMINANTE INTERPRÉTATIVE

1. *Photolangage*

1

2

1. Voilier depuis la plage de Calahonda, Andalousie
2. Sydney Bechet, avec Freddie Moore et Lloyd Phillips, au Jimmy Ryan's (Club)
3. Gandhi
4. Charlot (*cf.* fiche n° 4)
5. Eugène Delacroix, *La liberté guidant le peuple*

3

5

Les photos proposées au choix des participants peuvent l'être aussi bien pour dégager les représentations de la liberté que de l'autonomie. On a vu en effet que ces deux notions n'étaient pas contradictoires mais complémentaires, la première exprimant plutôt l'aspect négatif et critique alors que la seconde exprime l'aspect positif et créatif de la même compétence fondamentale.

Nous donnons ci-dessous les traits dominants de chaque image, susceptibles d'émerger lors du tour de table qui suivra la phase du choix.

1) **Un voilier sur la mer** :

– L'océan : *immensité des possibles* ;

– le voilier : *la liberté comme découverte du monde, errance sans contraintes* ;

– mais aussi *union avec la nature* ;

– la navigation à voile : savoir composer avec les éléments (le vent, l'état de la mer, etc.) = *la liberté comme utilisation des contraintes pour agir au mieux de ce qu'on veut* (*cf.* par exemple naviguer par vent contraire, tirer des bords, etc.).

2) **Sydney Bechet jouant de la clarinette** :

– improvisation dans le jazz : *la liberté comme créativité, spontanéité, expression de soi* ;

– il joue pour un public : *recherche de la reconnaissance, de l'estime des autres.*

3) **Gandhi** :

– le combat de Gandhi pour l'indépendance de l'Inde : *la liberté comme lutte non violente pour l'émancipation des autres* ;

– son indépendance vis-à-vis de tout pouvoir ou parti : *la liberté comme indépendance d'esprit* ;

– mais aussi *sagesse intérieure, équilibre, méditation.*

4) **Charlot (*cf.* fiche n° 4)** :

– *liberté comme non-conformisme, refus des conventions et contraintes sociales* ;

– mais *aussi libre expression des émotions, des sentiments ; recherche de l'authenticité, refus de l'hypocrisie.*

– et *un individualisme affirmé et revendiqué*

5) **Delacroix, *La liberté guidant le peuple*** :

– le drapeau brandi sur les barricades : *aspect politique de la liberté comme lutte, combat contre les dominations* ;

– les combattants qui l'entourent : *dimension collective de la liberté* ;

– son aspect révolutionnaire : *la liberté, principe de changement et de progrès social.*

2. *Chanson*

Georges Moustaki, *Ma liberté* [1]

Ma liberté
Longtemps je t'ai gardée
Comme une perle rare
    Ma liberté
C'est toi qui m'as aidé
A larguer les amarres
Pour aller n'importe où
Pour aller jusqu'au bout
Des chemins de fortune
Pour cueillir en rêvant
Une rose des vents
Sur un rayon de lune

Ma liberté
Devant tes volontés
Mon âme était soumise
    Ma liberté
Je t'avais tout donné
Ma dernière chemise

1. Paroles reproduites avec l'aimable autorisation de Paille Musique.

Et combien j'ai souffert
Pour pouvoir satisfaire
Tes moindres exigences
J'ai changé de pays
J'ai perdu mes amis
Pour gagner ta confiance
    Ma liberté
Tu as su désarmer
Toutes mes habitudes
    Ma liberté
Toi qui m'as fait aimer
Même la solitude
Toi qui m'as fait sourire
Quand je voyais finir
Une belle aventure
Toi qui m'as protégé
Quand j'allais me cacher
Pour soigner mes blessures

Commentaires

La liberté fait l'objet dans ce texte d'une description riche et variée. La discussion sur cette chanson pourra permettre d'en dégager les principaux aspects :

Elle est d'abord *une valeur en soi* (« perle rare »), qui vaut tous les sacrifices (« je t'ai tout donné »).

Elle est aussi *un soutien, un appui, une source d'inspiration* et d'énergie (« c'est toi qui m'as aidé »), une protection (« toi qui m'as protégé »).

Mais également *une source d'exigences* (« devant tes volontés mon âme était soumise ») pas toujours faciles à satisfaire (« combien j'ai souffert pour pouvoir satisfaire tes moindres exigences »).

Elle pousse à *l'errance, l'aventure* (« aller n'importe où ») et *engendre de ce fait une certaine souffrance* (« combien j'ai souffert »); elle oblige à des pertes, des abandons déchirants (« j'ai perdu mes amis ») et inflige même des « blessures ».

Elle est *une puissance d'incertitude, de désordre*, d'imprévisibilité (« tu as su désarmer toutes mes habitudes »), mais aussi de solitude (« même la solitude »).

Cette conception de la liberté recueille-t-elle l'assentiment de tous ? Chacun pourra exprimer son avis et le justifier.

On peut aussi, à partir de là, discuter pour savoir si la liberté est quelque chose d'absolu (on est libre ou pas libre, il n'y a pas d'intermédiaire possible) ou bien s'il y a des degrés dans la liberté ou l'autonomie, et lesquels.

Cette question peut aussi être abordée à partir de la fable de La Fontaine, *Le loup et le chien*. La fable oppose de manière tranchée la liberté du loup et la servitude du chien, contraint de flatter, pourchasser les rôdeurs, complaire à son maître, et surtout porter un collier qui l'empêche de courir à sa guise. On pourra, surtout avec des enfants, se demander ce que seraient aujourd'hui les contraintes dont parle le fabuliste. *Quels éléments, dans le monde moderne, restreignent notre liberté de manière insidieuse ou indirecte ?*

Activités à dominante argumentative

1. *Choix d'énoncés*

Parmi les énoncés suivants, choisir les deux avec lesquels on est le plus d'accord.

Être libre, c'est …

1) Faire tout ce qu'on veut.

2) Avoir assez d'argent pour vivre, se nourrir, se loger, s'habiller, etc.

3) S'amuser comme on veut, s'acheter tout ce dont on a envie.

4) Être heureux, être aimé des autres.

5) Ne pas être en prison.

6) Avoir le droit de penser et de s'exprimer librement, de voyager, de lire ou regarder ce qui se publie sans qu'il y ait de censure.

7) Faire tout ce qui est permis par les lois.

8) Se sentir en sécurité, ne pas craindre d'être agressé ou racketté.

9) Avoir des amis et parler, jouer, faire plein de choses avec eux.

10) Se battre contre les oppresseurs et les tyrans.

11) Être en bonne santé, ne pas être malade, souffrant, etc.

12) Être autonome, pouvoir subvenir seul à ses besoins (manger, s'habiller, se déplacer, etc.), gagner sa vie, ne pas être assisté.

Bien entendu, il n'est pas indispensable de proposer tous les énoncés : selon l'âge et la maturité des participants, on pourra en réduire le nombre et ne garder que ceux qui sembleront les plus significatifs.

Ils présentent des conceptions diverses – pas forcément incompatibles – de la liberté ou de l'autonomie. On peut les résumer ainsi :

1) *Conception « anarchiste » ou « libertaire »* : faire tout ce qu'on veut sans contrainte (1).

2) *Conception « matérialiste » ou « vitaliste »* : possibilité de satisfaire ses besoins vitaux (2, 11,12).

3) *Conception « consumériste »* : possibilité d'acheter les produits dont on a envie (3).

4) *Conception « légaliste »* : pouvoir faire tout ce qui n'est pas légalement interdit et bénéficier des droits fondamentaux reconnus par les conventions internationales sur les droits de l'homme (5, 6,7).

5) *Conception « convivialiste »* : vivre en harmonie avec les autres et avec soi-même (4,8, 9).

6) *Conception « politique » et « militante »* : lutter pour l'émancipation des opprimés (10).

2. *Débat*

Le thème de la liberté est si vaste qu'on peut l'aborder de multiples manières. On a vu, dans le premier paragraphe « Enjeux et questionnements », quelques exemples de questions possibles. On peut en proposer d'autres :

– Etre libre, est-ce faire tout ce que je désire ?

– La liberté est-elle une absence totale de contraintes ?

– La liberté peut-elle être pénible, douloureuse, difficile à supporter ? (*cf.* la chanson de Moustaki).

– Peut-on forcer quelqu'un à être libre ?

– Peut-on renoncer volontairement à sa liberté ? (problème de la « servitude volontaire »).

– Les animaux sauvages sont-ils plus libres que les hommes ?

– Faut-il être intelligent pour être libre ?

Plus que d'autres thèmes, la liberté (ou l'autonomie) se prêtent à l'écriture de textes libres autant que de débats oraux.

Une analyse de textes rédigés par des élèves de cours moyen d'une classe de ZEP (zone d'éducation prioritaire) illustrera la richesse et la diversité des productions sur ce sujet.

Pour faciliter la réflexion en lui donnant un tour narratif, il avait été demandé aux enfants d'écrire à partir de la phrase initiale : « En ce temps-là, les hommes étaient libres... ». L'intention était de faciliter ainsi l'explicitation de leur conception de la liberté. En fait, à la grande surprise de l'enseignant, ce détour s'est avéré inutile : la plupart des enfants sont allés directement à l'approche conceptualisante : « être libre, pour moi, c'est... ».

Voici trois de ces textes, reproduits tels quels :

Texte n°1

En ce temps-là les humains étaient libres.

Pour moi être libre c'est faire tout ce que l'on veut et ne pas avoir de lois. Par exemple moi je suis libre mais pas tout à fait à cause des lois. Et aussi les esclaves ne sont pas en liberté. Et ceux qui sont en prison ne sont pas libres.

Texte n° 2

Je pense qu'être libre c'est faire un peu ce qu'on veut. Être libre pour moi c'est comme courir dans les champs, gambader dans les prairies. Les animaux sont libres, et à partir d'un certain âge nous sommes libres de faire notre vie. Je pense aussi que nous ne sommes pas obligés d'être enfermés comme la prison, mais être libres de faire un choix qui nous permettra plus tard de vivre heureux ou heureuse et être en liberté.

Texte n° 3

On a la liberté mais pas pour tous. On a de la liberté mais il y a des limites. Il y a plusieurs limites. Il ne faut pas tuer, voler les affaire des autres. S'il n'y avait pas de lois on pourrait faire ce qu'on voudrait mais heureusement il y a des lois. On ne peut pas faire ce qu'on veut. La liberté est aussi un droit de penser ou de refuser. Autrefois on n'avait pas le droit de penser, comme Nelson Mandela qui est allé en prison parce qu'il avait pensé.

Le premier exprime ce qu'on pourrait appeler une conception « libertaire » ou « anarchiste » de la liberté : être libre, c'est « faire tout ce qu'on veut », « ne pas avoir de lois ». Dans la même veine, d'autres écrivent : « Pas de policiers, ni de maire, ni de président; pas d'école », « Rouler ivre, aller dans tous les pays sans carte d'identité », « Voler sans qu'il y ait de caméra ». C'est donc aussi une conception parfaitement amorale : du moment qu'on ne se fait pas prendre, on est libre de tout faire.

Le second texte semble au premier abord très proche du premier, avec une formulation quasi-identique au début : « Être libre c'est faire un peu ce qu'on veut ». Toutefois, « un peu » indique déjà des restrictions que la suite du texte explicite. « Courir dans les champs, gambader dans les prairies » nous oriente non plus vers la transgression, mais vers une sorte de liberté naturelle, « rousseauiste », que la référence aux animaux vient confirmer. On notera au passage le recours spontané à l'analogie (« c'est comme ») qui illustre le passage à une démarche interprétative (*cf.* première partie). La fin du texte, en définissant la liberté comme celle de « faire notre vie », de « faire un choix qui nous permettra plus tard de vivre heureux », s'apparente au « projet fondamental » sartrien, qui transcende la succession des instants pour exprimer une cohérence unificatrice de l'existence.

Le troisième texte enfin prend le contre-pied du premier en posant des « limites » qui interdisent de « tuer » et de « voler ». Surtout, il fait référence aux lois comme condition de la liberté, et il définit celle-ci essentiellement par « le droit de penser et de refuser », c'est-à-dire par ce qu'on appelle les « libertés fondamentales », comme l'atteste l'allusion à Nelson Mandela.

Chacun de ces trois textes illustre le concept arendtien de *consciousness* ; car on y trouve non pas une seule voix, mais plusieurs, et à chaque fois double. Le premier développe une conception « anarchiste », mais en même temps les références à l'esclavage, à la prison et à la torture évoquent les droits de l'homme. Le second suggère simultanément une conception « naturaliste » de la liberté comme spontanéité (référence aux animaux, rêve de « courir dans les champs, gambader dans les prairies ») et une conception « existentialiste » de la liberté comme capacité à faire des choix qui engagent l'avenir et se projettent au loin (« qui nous permettra plus tard de vivre heureux »). Le troisième analyse la liberté à la fois sur un mode négatif (ne pas tuer, ne pas voler), et positif (« droit de penser ou de refuser »). Il y a donc dans chacun de ces textes un dialogue interne, un dédoublement potentiel que la discussion aura pour fin d'approfondir.

On voit, à travers ces trois textes – mais il y en avait vingt ! – des conceptions de la liberté fort diverses se rencontrer, se confronter, non seulement d'un enfant à l'autre, mais aussi chez le même enfant. On est ici évidemment très loin de la « leçon de morale » traditionnelle. Mais ne peut-on pas dire qu'il y a pourtant plus de réflexion et d'éducation morale dans ce genre de pratique que dans toutes les leçons qu'un maître pourra inventer ?

PHILOSOPHER EN TERMINALE

1) *Le photolangage* permet de faire émerger et d'expliciter les différentes conceptions possibles de la liberté et de l'autonomie indiquées au début de la fiche. La question susceptible d'être posée à l'issue d'un cours sur la liberté pourrait être : « En quoi chacun des personnages représentés (le navigateur sur son voilier, Bechet = l'artiste créateur, Gandhi, Charlot, le militant révolutionnaire) est-il libre ? ». Les réponses peuvent être données sous la forme de textes courts, ce qui constitue une préparation à la dissertation.

Bien entendu, ici comme précédemment, ces conceptions ne sont pas exhaustives. On pourra trouver d'autres conceptions de la liberté et tenter de les illustrer en recherchant des images appropriées, soit dans le domaine pictural, soit dans le registre de la photographie ; puis les analyser comme précédemment.

2) *La chanson de Moustaki* peut susciter une réflexion sur le thème kantien de la liberté comme fin et non comme

moyen. On recherchera dans le texte tous les éléments qui expriment l'idée que la liberté est en soi, indépendamment de toute autre fin, une raison de vivre. On pourra s'interroger sur le paradoxe de la formule : « Ma liberté, devant tes volontés, mon âme était soumise ». Comment le souci de la liberté peut-il devenir une sujétion et une source « d'exigences » ? On pourra aussi questionner la relation que le poète établit entre liberté et solitude (« J'ai perdu mes amis »), de même qu'entre liberté et souffrance.

3) *L'utilisation de la grille d'aide à la production de questionnements* (1 re partie, chap. IX) est susceptible d'aider au traitement de sujets de dissertation sur la liberté. Les exemples donnés dans la deuxième colonne fournissent des idées de problèmes à développer autour de ce thème.

INDICATIONS BIBLIOGRAPHIQUES

Alain Ehrenberg, *La fatigue d'être soi*, Paris, Odile Jacob, 1998.

François Galichet, *L'émancipation. Se libérer des dominations*, Lyon, Chronique Sociale, 2014.

Gaëlle Jeanmart, L'émancipation. Regards croisés de trois philosophes (Aristote, Rousseau Rancière) http://media.wix.com/ugd/08846d_6953ee3a2edf4ba2a0df7ffeeff392c3.pdf, Collection Mobilisations sociales, http://www.cdgai.be, 2013.

Jean-Claude Kaufmann, *L'invention de soi*, Paris, Armand Colin, 2004.

Cyrille Michon, *Qu'est-ce que le libre-arbitre ?*, Paris, Vrin, 2011.

FICHE N° 8 : LA MORT

ENJEUX ET QUESTIONNEMENTS

La question de la mort préoccupe particulièrement les plus jeunes et les plus âgés. Les plus jeunes, car l'enfant qui entre dans la vie s'inquiète de voir autour de lui des personnes qui en sortent. A quoi bon se préparer à vivre si c'est pour mourir ? Et les plus âgés, car la vieillesse rend la mort inexorablement proche, lui donne un visage familier mais non moins inquiétant. Entre ces deux âges, les adultes vivent, absorbés par leurs préoccupations quotidiennes, pratiques et prosaïques, dans l'oubli de la mort.

La mort est donc par excellence un thème de réflexion intergénérationnelle. Le problème avec elle, c'est que plus encore que pour d'autres thèmes, elle suscite des questions qui ne peuvent pas recevoir de réponse. On peut, sur des notions comme la justice ou le bonheur, avancer des hypothèses, même si elles sont discutables. En revanche, la question « Qu'est-ce que la mort ? » reste et restera éternellement en suspens. On peut bien entendu développer des savoirs scientifiques sur la mort, sur les processus biologiques qui y conduisent, sur les croyances et les mythes auxquels elle donne lieu, sur la place qu'elle occupe dans les pratiques et représentations sociales. Mais ces savoirs ne disent rien de ce que nous demandons quand nous posons la question : « Qu'est-ce que la mort ? ».

C'est pourquoi ordinairement les interrogations sur la mort tournent plutôt sur les « à-côtés » de la mort, à savoir la façon dont nous l'appréhendons, l'incidence qu'elle a sur notre manière de vivre, le regard que nous portons sur nous-mêmes et sur les autres, les croyances qu'elle suscite, etc.

La question qui émerge, celle que tous les hommes se posent, c'est : « *Y a-t-il quelque chose après la mort?* ». C'est elle qui donne naissance aux religions – qui peu ou prou croient en une survie; c'est elle qui détermine le grand clivage entre « ceux qui croient qu'il n'y a rien » (la mort est un anéantissement sans retour) et « ceux qui croient qu'il y a quelque chose » – un paradis et un enfer, une vie sous une autre forme, la fusion avec un grand esprit cosmique, etc.

Spontanément, les enfants expriment plutôt la croyance en une survie, parce qu'ils sont marqués par une éducation plus ou moins religieuse, ou du moins spiritualiste. A cela s'ajoute le fait qu'il est impossible pour un être conscient de penser sa propre disparition, puisqu'il faudrait encore être là pour la constater. Comme le dit Epicure, « là où je suis, la mort n'est pas; là où est la mort, je ne suis plus ». Mais on verra que souvent, les débats sur cette question conduisent à prendre progressivement conscience que l'ignorance est la seule vérité de la mort et que, selon le mot de Socrate, « la mort, personne n'en connaît rien ».

Une autre question souvent discutée est : « *Qu'est-ce que ça change de savoir que je mourrai?* ». On n'est plus ici dans la métaphysique mais dans la morale, ou plutôt l'éthique. De nombreux philosophes (Montaigne, Pascal, Kierkegaard, Heidegger) font de la prise de conscience de notre condition mortelle le principe d'une existence authentique, par opposition aux nombreuses manières inauthentiques de vivre en oubliant la mort. Montaigne a même affirmé que « philosopher, c'est apprendre à mourir », laïcisant ainsi le « *Memento mori* » (Souviens-toi que tu mourras) des tombeaux chrétiens.

Mais cette question peut elle-même être contestée. On peut, avec Spinoza, estimer que « la philosophie est une méditation de la vie et non de la mort ». D'où une autre interrogation : « *Est-ce que c'est bien de penser souvent à la mort ?* ». On qualifie souvent de « morbides » les pensées qui tournent autour de la mort, et ce terme est nettement péjoratif. On les associe à des phénomènes pathologiques : dépression, folie, maladies, etc. qu'il faudrait soigner. Celui qui pense à la mort ou en parle est suspecté d'intentions suicidaires.

C'est pourquoi il importe d'aborder cette question avec des enfants ou des adolescents qui peuvent ressentir une certaine culpabilité d'avoir de telles pensées et interrogations. Mais c'est aussi important pour des personnes âgées qui, plus que d'autres, sont soupçonnées de vouloir abréger prématurément leur existence ou de nourrir des idées sombres qu'on s'ingéniera à combattre, sous prétexte qu'elles seraient « dépressives ».

Il n'est pas inintéressant de se demander, par exemple : « *A quoi sert la mort ?* ». La question peut sembler au premier abord surprenante, voire incongrue : la mort ne saurait être un moyen, sauf pour des fins absolument immorales, comme dans les meurtres, génocides et massacres visant à éliminer physiquement ceux qui gênent.

Mais si la mort, comme le montrent les biologistes, est un aspect constitutif de la vie, il n'est pas sans intérêt d'examiner de plus près la fonction qu'elle joue dans l'évolution et le développement des vivants. L'examen des rituels funéraires dans les différentes cultures est également un moyen de mieux comprendre la signification de la mort dans les organisations et représentations sociales [1].

Aujourd'hui, les avancées scientifiques dessinent la perspective d'une « mort de la mort », c'est-à-dire d'une « société post-mortelle » qui, en maîtrisant les processus du vieillissement, permettrait une existence quasi-illimitée. On pourra donc se demander en dernier ressort : « *Vaut-il mieux être mortel ou*

1. On consultera avec profit, sur ce sujet, l'ouvrage de Anita Ganeri, *Jours de deuil. La mort, rites et coutumes*, Paris-Montréal, Éditions Gamma-École active, 1999.

immortel ? », ou encore : « *Que ferais-tu si tu étais immortel ?* » C'est là une autre manière d'aborder la question précédente sur ce que la conscience de la mort change à ma vie. Simone de Beauvoir, dans *Tous les hommes sont mortels*, a envisagé cette hypothèse et en a exploré les implications. Sans aller jusqu'au roman, cette fiction (pour l'instant !) se prête volontiers à l'écriture de textes qu'on pourra ensuite confronter et préciser oralement.

ACTIVITÉS À DOMINANTE INTERPRÉTATIVE

1. *Photolangage*

1

2

3

1. Claude Serre, « Sablier »
2. Soleil matinal sur une côte du massif sud-est de la forêt de Rambouillet
3. Jacques Louis David, *La mort de Socrate*
4. Rembrandt van Rijn, *La leçon d'anatomie*
5. Edouard Manet, *Le suicidé (détail)*

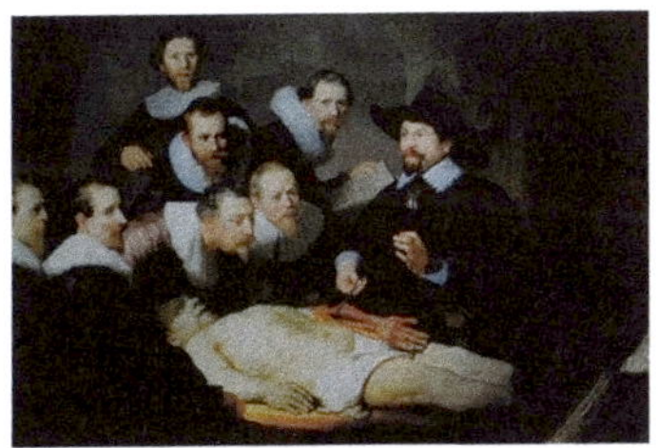

4

5

Ici comme ailleurs, on demandera à chaque participant de choisir, parmi les images proposées, celle qui exprime le mieux sa conception ou représentation de la mort. Chacun exposera ensuite son choix et surtout les raisons de son choix.

Bien entendu, pour certaines images, il conviendra de donner toutes les informations nécessaires à la bonne compréhension de l'œuvre.

Voici pour chaque image les principales significations susceptibles d'émerger :

1) **Serres, *Savoir vivre* :**

– le sablier : *idée du temps irréversible, d'une nécessité implacable* (on ne peut pas empêcher ou ralentir l'écoulement du sable) ;

– le rétrécissement du sablier : *impression d'étranglement, d'étouffement* (*cf.* l'étymologie du mot « angoisse » = étroitesse, lieu resserré) ;

– le sable qui s'écoule : *idée de destruction* (*cf.* la phrase biblique : « Tu es poussière et tu retourneras en poussière ») ;

– la paroi de verre : *impression d'enfermement, de prison* ;

– la verticalité de l'image : *idée de chute, d'effondrement* (le mouvement va de haut en bas) ;

– l'objet même du sablier : *idée d'un pouvoir mystérieux et arbitraire* (il appelle une main capable de le retourner par une décision qui n'appartient qu'à elle).

2) **Photo de forêt illuminée par le soleil** :

– la forêt : *impression d'immensité* ;

– mais aussi *la mort comme phénomène naturel, à replacer dans une perspective cosmique* ;

– la lumière à travers les arbres : *idée d'un au-delà qui nous appelle ou attire.*

3) **David, *La mort de Socrate*** :

– l'attitude de Socrate : *impression de sérénité, de calme ; mort paisible, acceptée et délibérée*

– le personnage de Socrate central et en pleine lumière : *idée d'exemplarité de toute mort* ;

– l'attitude des disciples : *gravité, solennité de l'instant mortel.*

4) **Rembrandt, *La leçon d'anatomie*** :

– l'attitude générale des personnages : *froideur, détachement ; la mort n'est qu'un processus physiologique à étudier* ;

– la posture des élèves : *intérêt et attention* ;

– la nudité du cadavre, sa blancheur ; vêtements noirs de tous les personnages autour de lui : *dépouillement, austérité, gravité* ;

– les ciseaux du professeur qui entaillent la chair du cadavre : *dureté, insensibilité de l'approche scientifique de la mort.*

5) **Manet, *Le suicidé*** :

– corps effondré sur le lit : *désespoir, solitude extrême* ;

– contraste entre le décor prosaïque de la chambre et la gravité de ce qui vient de se passer : *caractère dérisoire de la mort, phénomène en un sens banal (tous les vivants meurent).*

– le pistolet : *violence de la mort.*

2. *Chansons* [1]

David Halliday, *Tu ne m'as pas laissé le temps*

Paroles disponibles sur :

https://www.paroles.net/david-hallyday/paroles-tu-ne-m-as-pas-laisse-le-temps

1. Ces deux chansons sont visibles sur YouTube

Commentaire

Cette chanson porte sur la mort de l'autre. L'expérience de la mort, avant d'être la mienne, est d'abord celle de la disparition d'êtres chers. On trouve dans cette chanson la plupart des questions que pose cette disparition. La discussion pourra porter notamment sur les points suivants :

Que faire des souvenirs liés à la personne disparue? Tant qu'elle est vivante, les souvenirs sont un tremplin pour enrichir la relation qu'on a avec elle, rebondir vers de nouvelles aventures communes, tisser de nouveaux liens. Quand elle n'est plus là, ils sont comme un miroir brisé qui ne sert plus à rien (1re strophe).

Aimer quelqu'un c'est avoir des choses à lui dire, lui parler, lui soumettre des idées, des sentiments, des émotions et solliciter ses réactions, ses avis, ses jugements. *Mais comment parler à quelqu'un qui n'est plus là?* (« Ce que je voulais te dire reste sur des pages blanches »). *Quelle relation peut-on garder avec lui ou elle?*

La mort d'un être cher est toujours prématurée : « Tu ne m'as pas laissé le temps ». Que faire de ces paroles, de ces intentions, de ces possibilités qui restent à jamais en suspens?

Cette mort suscite aussi toujours des regrets : on pense à tout ce qu'on n'a pas dit ou fait. D'où la question : ne devrait-on pas « toujours dire avant l'importance que les gens prennent », c'est-à-dire leur manifester plus nettement l'amour ou l'affection qu'on a pour eux? La mort d'un être aimé ne change-t-elle pas toujours aussi notre relation aux vivants? De quelle manière?

Enfin, la dernière strophe exprime le sentiment d'absurdité que provoque la mort d'un proche : *pourquoi lui? Pourquoi à ce moment-là?* Elle provoque un sentiment d'abandon, de solitude (« vous laisse encore plus seul sur terre »), mais aussi de désœuvrement (« sans savoir quoi faire »). Cette strophe fait écho au vers bien connu de Lamartine : « Un seul être vous manque et tout est dépeuplé » (*cf.* fiche sur la solitude). En ce sens, la mort d'autrui me renvoie toujours aussi à ma propre mort : si je dois mourir, et si ceux qui sont au cœur de ma vie meurent aussi, alors qu'est-ce qui est nécessaire ? Qu'est-ce qu'il faut faire absolument et qui échapperait aux aléas de la mort, la mienne et celle des autres ?

Michel Berger, *Le paradis blanc* (1990)
Paroles disponibles sur : https://www.paroles.net/michel-berger/paroles-le-paradis-blanc

Commentaire

Cette chanson, au contraire de la précédente, porte sur la mort propre, telle qu'on peut l'appréhender avant qu'elle survienne. Ici encore, la discussion cherchera à dégager les traits essentiels de cette appréhension et à les confronter avec l'expérience de chacun.

On pourra d'abord essayer de relever tous les points d'opposition entre la vie et le « paradis blanc » qui symbolise la mort. La vie se caractérise par le bruit (la sonnerie du téléphone), la confusion (« on n'arrive plus à distinguer le blanc du noir », « le faux du vrai »), la violence (« les regards de haine », « les combats de sang »), l'incertitude (« on n'arrive plus à décider »), le désir insatiable (« « vouloir tout essayer »), la dégradation (« quand mes claviers seront usés »), la complexité (« y a tant de vagues et tant d'idées »).

Le « paradis blanc » se présente au contraire comme silence (« que le silence pour respirer »), clarté (la blancheur immaculée du paradis), paix, calme et tranquillité (« retrouver les baleines, parler aux poissons d'argent »), absence de désir (« dormir »), pureté et plénitude (thème du commencement), simplicité (« courir tout seul avec le vent »).

Tout au long du texte, la mort est associée au thème du *retour à l'origine* : elle conduit à « recommencer là où le monde a commencé », « comme avant ». La vie présente n'apparaît que comme une parenthèse bruyante et superficielle par rapport à cet état où « on oublie le temps ».

Elle est aussi associée au thème de l'enfance, puisque ce sont les « rêves d'enfants » qui expriment le mieux ce « paradis blanc ».

On pourra se demander ce qui distingue ce « paradis blanc » du paradis tel que le représentent les religions, notamment chrétiennes et musulmanes. On pourra aussi se demander s'il est nécessaire d'y croire pour en parler comme le fait l'auteur de la chanson. On pourra enfin s'interroger sur les sentiments qu'exprime la chanson à l'égard de la mort ainsi appréhendée : sérénité ? désir ? nostalgie ? résignation ? Et en quoi cette façon d'envisager la mort peut-elle aider à vivre ?

ACTIVITÉS À DOMINANTE ARGUMENTATIVE

1. *Choix d'énoncés*

Dans les énoncés ci-dessous, choisir celui avec lequel on est le plus d'accord et celui avec lequel on est le plus en désaccord.

N.B. : Il n'est nullement nécessaire de proposer tous les énoncés. Avec des enfants, on pourra se limiter à cinq ou six énoncés, choisis parmi ceux qui sembleront le plus à leur portée.

1) Être sage, ce n'est pas penser à la mort, mais à la vie (Spinoza).

2) Philosopher, c'est apprendre à mourir (Montaigne).

3) Le soleil ni la mort ne se peuvent regarder en face (La Rochefoucault).

4) On ne peut pas aimer la mort (Marguerite Duras).

5) La mort n'est pas à craindre, puisque quand nous sommes vivants, la mort n'est pas, et que lorsque la mort survient, nous ne sommes plus (Epicure).

6) Craindre la mort, c'est être lâche.

7) Seuls les hommes ont peur de la mort. Les animaux ne savent pas qu'ils vont mourir.

8) C'est la mort qui console, hélas ! Et qui fait vivre aussi (Baudelaire).

9) La fin de l'espoir est le commencement de la mort (Charles De Gaulle).

10) Mourir plus tôt ou plus tard est indifférent ; bien ou mal mourir ne l'est pas (Sénèque).

Commentaire

Ces énoncés peuvent être considérés sous plusieurs aspects.

On peut d'abord y voir diverses positions sur la façon dont nous devons envisager l'idée de la mort : faut-il l'aimer ? La craindre ? S'en détourner ? Ou est-elle tout simplement impossible à envisager ? (énoncés 1, 3, 4,6).

On peut ensuite en discuter sous un angle moral : qu'est-ce que la mort change à notre façon de vivre ? Est-elle une consolation (8), une occasion de philosopher (2), une façon de nous distinguer des animaux (7), une source de désespoir (9) ?

Certains énoncés se présentent sous une forme provocatrice et paradoxale. On pourra ainsi se demander si on peut, comme le veut Montaigne, « apprendre à mourir », alors que par définition la mort ne saurait être l'objet d'une expérience répétable. On peut également se demander en quoi elle est, comme le dit Baudelaire, une « consolation » « qui fait vivre », alors qu'on y voit plutôt habituellement une source d'angoisse et de désespérance.

On pourra enfin se demander ce que signifie, pour Sénèque et surtout pour chacun de nous, « bien (ou mal) mourir ».

2. *Débat*

Le débat pourra porter sur l'une des questions mentionnées dans le premier paragraphe (« Enjeux et questionnements »), ou sur d'autres questions proposées par les participants, à partir des activités précédentes.

Dans les discussions entre enfants ou adolescents, les débats portent généralement d'abord sur « ce qu'il y a après la mort » : survie ou néant ? Les croyances religieuses sont ici déterminantes.

Mais il est rare que dans un groupe certains n'expriment pas des conceptions plus sceptiques ou critiques vis-à-vis de ces croyances. Ainsi, dans un débat entre élèves d'une classe de ZEP de 10-11 ans, après de multiples interventions parlant du paradis et de l'enfer, une enfant demande : « Comment les autres ils savent ce qu'il y a après la mort? Parce qu'il n'y a personne qui y a été et y a pas ceux qui sont morts qui leur ont dit qu'il y a ça » [1]. A cette question, un autre enfant, Hussein, répond : « Je crois que c'est une tradition de famille et que les ancêtres le disaient à leurs enfants et que leurs enfants ils le disaient à des gens et après ça passait de famille en famille. C'est comme ça qu'ils le savent ».

A partir de là, le débat change de sens. Il n'est plus tant de déterminer « ce qu'il y a après la mort », mais plutôt : « Qu'est-ce qu'on peut savoir sur la mort? ». Et il se conclut par : « Le seul moyen de savoir ce qu'il y a après la mort c'est de mourir ». Cette conclusion rejoint la réflexion de Levinas :

> Le caractère imprévisible de la mort vient de ce qu'elle ne se tient dans aucun horizon. Elle ne s'offre à aucune prise (…). On ne sait quand viendra la mort. Qu'est-ce qui viendra? De quoi la mort me menace-t-elle? De néant ou de recommencement? Je ne sais. Dans cette impossibilité de connaître l'après de ma mort réside l'essence de l'instant suprême. (…) La mort est une menace qui s'approche de moi comme un mystère; son secret la détermine [2].

On le voit, la réflexion sur la mort est une occasion privilégiée de faire la distinction entre connaissance et croyance, savoir et foi.

1. Cette citation et les suivantes sont extraites du corpus de la thèse de Sylvain Connac, *Discussion à visée philosophique et classes coopératives en zone d'éducation prioritaire*, M. Tozzi (dir.), Université Montpellier 3, juin 2004.

2. Emmanuel Levinas, *Totalité et Infini*, La Haye, Nijhoff, 1965, p. 210-211.

Un autre questionnement fréquent porte sur ce qui explique la mort, les raisons qui peuvent la justifier. Le même Hussein déclare à ce sujet : « T'es obligé de mourir parce que tu vas grandir, avoir des enfants, et après ça tes enfants vont grandir et il va y avoir de nouvelles vies qui vont être nées. Tout le monde c'est obligé qu'il meure parce qu'il y a des autres vies ».

Une autre raison, avancée par Anaïs, est le vieillissement : « Quand t'es vieux tu peux pas marcher, t'es malade mais c'est mieux que tu meures comme ça tu souffres pas ».

Dans un débat sur la question « Vaut-il mieux être mortel ou immortel ? » animé par Frédéric Lenoir [1], des raisons plus personnelles et plus éthiques sont également mentionnées : « Il vaut mieux mourir parce que si on était immortel on aurait tout vu sur la terre et on ne saurait plus quoi faire après ! » ; « Si on était immortel le monde n'évoluerait pas parce qu'il y aurait toujours les mêmes personnes qui ne changeraient pas elles-mêmes » ; « Comme on n'est pas immortel on profite plus des choses de la vie ».

Il est intéressant de voir que la mort est également liée à la liberté. Alors que beaucoup d'adultes la voient plutôt comme une fatalité contre laquelle on ne peut rien, et que certains s'opposent à l'idée qu'on puisse décider librement de sa mort, un enfant déclare : « Si on est immortel on ne peut pas décider de mourir si on veut. Alors les gens malheureux resteront toujours malheureux ».

Enfin, certains enfants lient la mort à l'idée d'une historicité de la vie : comme une histoire, elle doit avoir un début et une fin. « Quand on naît, on est content de vivre et on vit plein d'aventures, et il arrive un moment où on s'épuise. Alors c'est bien que ça finisse ».

1. Reproduit dans l'ouvrage de Frédéric Lenoir, *Philosopher et méditer avec les enfants*, Paris, Albin Michel, 2016, p. 170-176. Les citations qui suivent sont extraites de ce débat.

Ce qui est ici suggéré, c'est l'idée que la mort pourrait être un accomplissement, au sens où l'on dit qu'une œuvre d'art est accomplie quand l'artiste estime qu'elle a atteint sa plénitude. Ici encore, cette conception de la vie comme œuvre ou comme histoire conduit à faire de la liberté de mourir (de choisir le moment et les modalités de sa mort) une liberté aussi fondamentale que les autres. Cette question, comme l'ont montré les débats récents sur le sujet, n'intéresse pas seulement les seniors mais tous les âges. Ce peut donc être par excellence un thème intergénérationnel.

PHILOSOPHER EN TERMINALE

La mort ne figure pas dans les notions au programme, mais il paraît difficile de ne pas l'aborder dans un cours sur « L'existence et le temps ».

1) *Les œuvres picturales* proposées dans le photolangage expriment différentes figures de la mort : meurtre ou suicide (Goya, Manet), mort délibérée (Socrate), approche médicale et clinique (Rembrandt). Ces figures correspondent à autant de concepts : violence, sagesse, scientificité. Il pourrait être intéressant de repérer, dans chaque œuvre, ce qui manifeste ce concept – par exemple la violence chez Goya et Manet, la sagesse chez Watteau, la scientificité chez Rembrandt.

2) *La question de la mort et du temps* est au centre des chansons de David Halliday et de Michel Berger. Chez le premier, la mort de l'autre (une personne aimée) transforme radicalement la relation au temps : les souvenirs perdent leur valeur (« à quoi ça sert ») ; les projets sont annulés (« tirer un trait ») ; le regret devient obsédant (« tu ne m'as pas laissé le temps ») ; l'ennui devient dominant, le temps est vide, insipide (« sans savoir quoi faire »).

Chez le second, c'est l'anticipation de la mort propre qui suscite une tentative d'imaginer ce que pourrait être l'au-delà de la mort. Il serait comme un oubli du temps : plus d'urgence, « plus d'idée » ; le temps devient cyclique (« respirer »), à la fois proche du sommeil (« dormir ») et d'une errance éternelle (« courir »).

Ces deux textes (et bien d'autres) peuvent nourrir une réflexion autour de la question : « La mort ajoute-t-elle à la valeur de la vie ? » (Paris, 1985). Dans la chanson de D. Halliday, elle serait plutôt une soustraction, rendant la vie vide et vaine. Chez M. Berger, elle suggère un monde libéré des « regards de haine » et des « combats de sang » –donc la possibilité d'une manière de vivre qui peut avoir un sens dès à présent.

3) *Les énoncés* figurant dans le choix d'énoncés, et notamment ceux de philosophes (Spinoza, Montaigne, Epicure, Sénèque) ou d'écrivains (La Rochefoucauld, Duras, Baudelaire) peuvent constituer autant de sujets de réflexion ou de dissertation. On pourra par exemple s'exercer à *formuler le problème* sous-jacent à chacun. Si Spinoza affirme que la sagesse est méditation de la vie et non de la mort, c'est donc que l'obsession de la mort est fréquente et qu'elle conduit à des comportements aberrants ou insensés : lesquels ? Si Montaigne affirme que philosopher c'est apprendre à mourir, c'est donc que la mort peut s'apprendre : qu'est-ce que cela veut dire ? Comment peut-on apprendre ce qu'on ne saurait connaître en aucune façon ? Si Sénèque dit que ce qui importe, c'est de bien mourir, que signifie « mourir bien » (et donc aussi « mal mourir ») ? Est-ce forcément mourir glorieusement ou héroïquement ? Etc.

Indications bibliographiques

Françoise Dastur, *La mort*, Paris, Hatier, 1994.

Barney Glaser, Anselm Strauss, *La conscience de la fin de vie*, Paris, Vrin, 2016.

Vladimir Jankélévitch, *La mort*, Paris, Champs-Flammarion, 1977.

Maupassant, « L'endormeuse », dans *Apparition et autres contes d'angoisse*, Paris, GF-Flammarion, 1993.

Edgar Morin, *L'homme et la mort*, Paris, Points-Seuil, 1970.

FICHE N° 9 : LA RELIGION

ENJEUX ET QUESTIONNEMENTS

La question de la religion embarrasse la philosophie. Elle a toujours été pour elle à la fois une concurrence et une déviance. Une concurrence car la religion, comme la philosophie, prétend répondre aux grandes questions fondamentales : qui suis-je ? Quel est le sens de ma vie ? Comment dois-je la conduire ? Qu'y a-t-il après la mort ?

Une déviance, parce que la religion, contrairement à la philosophie, tourne le dos à la raison, à la pensée réflexive, au jugement personnel appuyé sur des critères logiques et expérimentaux. Elle prétend connaître directement la vérité, par une Révélation contenue dans un Livre sacré, considéré comme exprimant plus ou moins directement la parole de Dieu lui-même. Contrairement à la philosophie qui demande une adhésion raisonnée, vérifiée, argumentée – et considère qu'en attendant le doute est la démarche la plus appropriée - la religion demande une adhésion immédiate, spontanée, fondée sur les « évidences du cœur » et non de la raison.

La philosophie a longtemps été persécutée au nom de la religion. Socrate a été accusé d'impiété. Spinoza a été exclu de sa communauté pour la même raison. Malebranche, Rousseau et bien d'autres ont été mis à l'Index, c'est-à-dire condamnés par l'Église catholique.

Plusieurs philosophes – Diderot, Nietzsche et Marx notamment – ont annoncé la « mort de Dieu », c'est-à-dire la fin des religions, considérées comme « l'opium du peuple », instruments d'oppression ou de mystification. Et pourtant, les religions sont, dans le monde d'aujourd'hui, plus présentes que jamais. Au nom de Dieu, certains sont prêts à sacrifier leur vie, et aussi celle des autres… *Comment expliquer cette emprise de la foi religieuse ?* C'est là une première question qu'on ne saurait se dispenser de se poser. Peut-on croire sans se « radicaliser » ?

Elle conduit à d'autres. Les religions reposent sur la foi, c'est-à-dire sur la croyance. *Qu'est-ce qui distingue croire et savoir ? Croire, est-ce être certain de ce qu'on croit ?* Assurément oui pour beaucoup de croyants. Mais d'autres, parmi les plus grands saints, ont reconnu qu'ils connaissaient des périodes de doute, voire d'incroyance. On peut évoquer l'exclamation du Christ sur la croix : « Mon Dieu, pourquoi m'as-tu abandonné ? ». Le doute est-il une défaillance de la foi ou bien en fait-il partie ?

La pluralité même des religions pose aussi question. *S'il y a plusieurs religions, cela signifie-t-il que certaines se trompent (et trompent leurs adeptes) ?* Ou bien faut-il comprendre cette multiplicité comme l'appréhension des divers aspects d'une seule et même réalité transcendante ? Mais en ce cas chaque religion ne serait plus la vérité absolue qu'elle prétend être. *Y a-t-il des religions meilleures que d'autres ? Quel serait le critère de cette évaluation ? Ou bien toutes les religions se valent-elles ?*

Enfin, *à quoi s'oppose la religion ?* A la science ? Mais aujourd'hui, les scientifiques reconnaissent que la connaissance scientifique ne donnera jamais « le fin mot de l'histoire », le sens ultime du monde. Elle peut seulement critiquer des visions trop naïves ou simplistes, comme la thèse de « l'*intelligent design* » qui nie la théorie de l'évolution. A la philosophie ? Mais il y a beaucoup de philosophes croyants et de croyants philosophes. A la démocratie ? Les religions lui ont longtemps été hostiles parce qu'elle repose sur la tolérance et la laïcité. Mais aujourd'hui ce n'est plus le cas, sauf pour quelques fanatiques.

Le thème de la religion se prête, plus que d'autres, à des ateliers philo intergénérationnels. Il serait intéressant que des jeunes et des moins jeunes confrontent leurs idées sur la religion : que signifie-t-elle pour chacun ? Pourquoi croit-il ou ne croit-il pas ? S'il croit, qu'est-ce que la foi lui apporte ? S'il ne croit pas, comment perçoit-il ceux qui croient ? Et comment comprendre la phrase de Gandhi : « Dieu n'a pas de religion » ?

Activités à dominante interprétative

1. *Photolangage*

1

2

3

4

1. Vassili Kandinsky, *Composition X*
2. Rembrandt van Rijn, *Saint Jacques Le Majeur*
3. Pélerins à la Kabba, La Mecque
4. Stefan Lochner, *Le jugement dernier*

Rappelons que les images doivent être présentées sans commentaires, sauf de brèves explications pour situer le tableau ou la photo dans son contexte historique et culturel.

Une fois les choix et leurs justifications donnés par chaque participant, on pourra revenir sur les images pour en dégager les traits communs et la conception de la religion qu'elles expriment.

1) **Kandinsky, *Composition X*** :

– fond étoilé, qui fait penser à un ciel nocturne : *idée d'immensité cosmique, à la fois diverse et organisée* ;

– luxuriance, richesse des éléments juxtaposés : *créativité, foisonnement* ;

– indétermination et diversité des éléments, (certains font penser à des mains ou des visages, d'autres à des astres ou des étoiles, d'autres à des bandelettes) : *puissance créatrice d'êtres à la fois animés et inanimés.*

2) **Rembrandt, *Saint Jacques le Majeur*** :

– solitude du personnage : *ferveur, piété intérieure, relevant de l'intime* ;

– mains jointes, yeux fermés : *recueillement* ;

– tonalité monochrome (brun foncé) ; mains et visage ridé du personnage : *austérité, dépouillement, ascétisme.*

3) **Pèlerins en prière** :

– foule, multitude innombrable : *puissance, unanimisme, communion* ;

– les pèlerins sont tous dans la même posture de prière devant la Kaaba (Pierre noire) : *ordre, organisation, discipline ; idée de vénération devant une réalité sacrée.*

– caractère imposant de la mosquée avec ses tours devant laquelle les pèlerins prient : *soumission à un ordre supérieur.*

4) **Stefan Lochner, *Le jugement dernier*** :

– la séparation des élus et des damnés : *idée d'une religion essentiellement morale, pour récompenser les bons et punir les méchants* ;

– Dieu le Père trônant en majesté au-dessus de la foule des humains : *Dieu juge suprême* ;

– les anges et les démons qui entraînent les humains d'un côté ou de l'autre, ou volant dans un ciel jaune : *monde d'êtres surnaturels et fantastiques doublant le monde réel.*

2. Analyse de texte

Evangile de Mathieu, V, 1-12

> Les Béatitudes (Sermon sur la montagne)
> Voyant les foules, Jésus gravit la montagne. Il s'assit, et ses disciples s'approchèrent de lui.
> Alors, ouvrant la bouche, il les enseignait. Il disait :
> « Heureux les pauvres de cœur, car le royaume des Cieux est à eux.
> Heureux ceux qui pleurent, car ils seront consolés.
> Heureux les doux, car ils recevront la terre en héritage.
> Heureux ceux qui ont faim et soif de la justice, car ils seront rassasiés.
> Heureux les miséricordieux, car ils obtiendront miséricorde.
> Heureux les cœurs purs, car ils verront Dieu.
> Heureux les artisans de paix, car ils seront appelés fils de Dieu.
> Heureux ceux qui sont persécutés pour la justice, car le royaume des Cieux est à eux.
> Heureux êtes-vous si l'on vous insulte, si l'on vous persécute et si l'on dit faussement toute sorte de mal contre vous, à cause de moi.
> Réjouissez-vous, soyez dans l'allégresse, car votre récompense est grande dans les cieux !

Ce texte est intéressant à étudier, car on y trouve l'essentiel de ce qui caractérise tout discours religieux, quelle que soit la religion. En outre, sa simplicité le rend accessible même à de jeunes enfants, à condition d'expliquer quelques mots ou expressions obscures, (« pauvre de cœur », « royaume des Cieux », « miséricordieux », etc.). La discussion devrait permettre de dégager notamment les points suivants :

1) *Le caractère répétitif du texte* (« Heureux ceux... ») : il évoque les psalmodies ou litanies qui caractérisent toutes les religions (chercher des exemples).

2) *Le texte est entièrement structuré par une opposition entre le présent* (« ceux qui ont faim », « ceux qui sont persécutés », « les pauvres de cœur », « les doux, ») *et le futur* (« ils seront consolés », « ils verront Dieu », etc.). *Le présent se caractérise par des situations négatives* de manque, de carence ou de souffrance (pauvreté, pleurs, faim et soif, insultés et persécutés). *Le futur au contraire est pleinement positif* (consolation, rassasiement, vision de Dieu, récompense, etc.). On pourra essayer de faire continuer le texte en imaginant d'autres oppositions sur le même modèle, c'est-à-dire en inventant d'autres « béatitudes ».

3) Le texte ne se contente pas de juxtaposer les deux situations (présent négatif et futur positif) ; *il établit un lien de causalité entre elles* (« car »). C'est *parce qu*'il y a souffrance, misère, épreuve, injustice maintenant qu'il y aura bonheur, satisfaction, justice, miséricorde plus tard.

4) *Ce lien de causalité permet de transformer le rapport au présent.* Ce qui initialement était source d'affliction devient un motif de joie (« Réjouissez-vous, soyez dans l'allégresse »), et change de sens. Du coup, le négatif initial n'est plus qu'une apparence à dépasser. L'opposition présent/ futur se convertit en apparence/ réalité vraie.

5) Le mot « Dieu » n'est mentionné que deux fois dans le texte (« ils verront Dieu », « ils seront appelés fils de Dieu »). Le texte présente ce qu'il décrit non comme la volonté arbitraire de Dieu (qui pourrait être révocable) mais comme *l'ordre même du monde*, dont « Dieu » n'est que le garant ou l'instaurateur.

On peut retrouver dans d'autres traditions religieuses (Bible, Coran) des textes qui présenteraient des caractéristiques similaires. Ainsi par exemple, la sourate « Le Miséricordieux » dans le Coran :

Sourate « Le Miséricordieux », 37-54

> Quand le ciel se fendra et deviendra alors écarlate comme le cuir rouge.
> Lequel donc des bienfaits de votre Seigneur nierez-vous ?
>
> Alors, ni aux hommes ni aux djinns, on ne posera des questions à propos de leurs péchés.
> Lequel donc des bienfaits de votre Seigneur nierez-vous ?
>
> On reconnaîtra les criminels à leurs traits. Ils seront saisis par les toupets et les pieds.
> Lequel donc des bienfaits de votre Seigneur nierez-vous ?
>
> Voilà l'Enfer que les criminels traitaient de mensonge.
> Ils feront le va-et-vient entre lui (l'Enfer) et une eau bouillante extrêmement chaude.
> Lequel donc des bienfaits de votre Seigneur nierez-vous ?
>
> Et pour celui qui aura craint de comparaître devant son Seigneur, il y aura deux jardins ;
> Lequel donc des bienfaits de votre Seigneur nierez-vous ?
>
> Aux branches touffues.
> Lequel donc des bienfaits de votre Seigneur nierez-vous ?
>
> Ils y trouveront deux sources courantes.
> Lequel donc des bienfaits de votre Seigneur nierez-vous ?
>
> Ils contiennent deux espèces de chaque fruit.
> Lequel donc des bienfaits de votre Seigneur nierez-vous ?
>
> Ils seront accoudés sur des tapis doublés de brocart, et les fruits des deux jardins seront à leur portée (pour être cueillis).

On retrouve dans cet extrait les cinq caractéristiques du discours religieux que nous avons relevées :

1) *Le caractère répétitif* avec la reprise systématique du verset : « Lequel donc des bienfaits de votre Seigneur nierez-vous ? »

2) *L'opposition entre le futur et le présent.* Le texte alterne une description du jugement dernier et de ce qui le suivra (l'Enfer pour les criminels, le Paradis pour ceux qui auront vécu dans la crainte d'Allah) et le retour au présent pour stigmatiser ceux qui nient « les bienfaits du Seigneur ». Comme dans les Béatitudes, le futur est positif (triomphe de la justice par la punition des méchants et la récompense des hommes de bien) alors que le présent est négatif (aujourd'hui, certains osent nier les bienfaits du Seigneur)

3) *L'établissement d'un lien entre ces deux époques.* L'excellence du futur tel qu'il est décrit a pour conséquence (« donc ») de rendre d'autant plus difficile la position des incroyants qui le nient. On les met au défi de trouver un seul « bienfait » qu'ils pourraient contester avec vraisemblance, tant l'évidence est grande.

4) *Ce lien transforme le rapport au présent* : la position des athées est non seulement intenable, mais elle en devient scandaleuse, odieuse, inadmissible, etc.

5) Enfin, *la volonté divine se confond avec l'ordre du monde* : dans les versets qui traitent de l'avenir, le mot « Allah » n'apparaît pas ; les événements à venir sont décrits comme un processus à la fois certain et inéluctable, une sorte « d'histoire du futur » aussi évidente que celle du passé.

ACTIVITÉS À DOMINANTE ARGUMENTATIVE

1. *Choix d'énoncés*

Parmi les énoncés ci-dessous, choisir celui avec lequel on est le plus d'accord et celui avec lequel on est le plus en désaccord

1) Aucune religion n'est vraie, mais toutes les religions ont une part de vérité.

2) Il n'y a qu'une seule religion qui soit vraie.

3) Je ne crois pas en un Dieu qui demande des prières tout le temps (Nietzsche).

4) Si Dieu n'existe pas, tout est permis (Dostoïevski).

5) Les religions favorisent la paix et la solidarité entre les hommes.

6) Les religions suscitent le fanatisme, la haine et la violence entre les hommes.

7) On ne peut pas vivre sans religion.

8) On peut très bien vivre sans religion.

9) La religion est une affaire entre chaque homme et Dieu (Pierre Bayle).

10) La religion est une défense contre la peur de mourir (Bergson).

Commentaire

Ici, la plupart des énoncés proposés forment couple, sous la forme d'affirmations opposées (on ne peut pas vivre sans religion/ on peut très bien vivre sans religion, etc.).

Les choix seront donc plus tranchés que sur d'autres sujets ; mais ils ne devraient pas conduire à opposer les croyants aux non-croyants. En effet, des croyants peuvent très bien estimer qu'il y a une part de vérité dans toutes les religions, ou qu'on peut vivre sans religion.

Cette activité invite donc à dépasser ce clivage pour découvrir que tous, nous sommes des humains dont la condition est l'ignorance, l'incertitude, l'inquiétude.

La discussion autour du choix des énoncés et de leurs justifications devrait également conduire à découvrir la polysémie de la notion de religion. En effet, est-ce du même concept de religion qu'on parle quand on dit que les religions suscitent le fanatisme et la violence, et quand on dit que la religion est une affaire entre chaque homme et Dieu ? Il y a l'aspect social des religions – comme lien culturel et politique, principe de communautés plus ou moins intenses ; et il y a l'aspect individuel de la religion comme réponse personnelle et intime au questionnement sur le sens de la vie.

2. *Débat*

Les activités précédentes ont montré que de nombreuses questions peuvent fournir l'occasion d'un débat. Ici aussi, il faudra choisir celle qui apparaît comme la plus en rapport avec les préoccupations des participants.

A titre d'exemple, un débat dont le sujet était : « Ma religion est-elle meilleure que la tienne ? », entre élèves de cycle 3 (10-11 ans) a donné lieu à des échanges dont voici quelques extraits :

Dounia : — Les religions, c'est comme ça, c'est pas nous qui les avons faites. On est né comme ça. C'est les parents qui ont cette religion.

Salima : — Y a pas de religion mieux qu'une autre.

Siham : — Tout le monde a la même religion.

Enseignant : — Est-ce que tout le monde est d'accord avec Siham ?

Salima : — Eh ben non, c'est le dieu qui décide comme ça, c'est pas nous qui décidons comment elle est. C'est pas nous qui avons décidé, c'est comme si c'était le dieu qui nous disait comment on doit être dans la tête.

Ouafae : — Je veux dire, moi, c'est pas Dieu qui l'a faite, la religion.

Enseignant : — C'est qui, alors ?

Ouafae : — J'sais pas, moi, c'est des gens.

Boualam : — Je veux répondre à Salima, je suis pas d'accord avec toi. Le dieu, c'est pas lui qui l'a faite.

Yassine : — Moi, dans ma religion, c'est Dieu, il a ramené le Coran, après il explique c'est quoi les religions islamiques et c'est comme ça qu'on a su.

Dounia : — Moi, je pense qu'elle est meilleure mais je pense quand même que les Français exagèrent quand ils disent sale Arabe et qu'ils nous traitent comme des esclaves.

Yassine : — Moi, je pense pas que ma religion est meilleure, mais je pense que c'est celle qui est vraie.

Mohamed : — Moi, je dis que les religions sont pareilles.

Arslan : — Elles sont pas pareilles. L'Islam et le Christianisme, c'est pareil ?

Michael : — Moi, je dis que chaque pays a sa religion et y en a pas qui sont meilleures que les autres.

Hussein : — Moi, je suis d'accord avec ce qu'il a dit Michael. Tous ils sont pareils, chacun a sa religion.

Siham : — Tout le monde aime bien sa religion.

Yassine : — Moi, je me dis pourquoi on n'a pas tous la même religion ?

Boualam : — Parce que le dieu il l'a fait comme ça.

Siham : — On n'a pas la même religion parce qu'il y en a qui parlent pas comme nous. Il y en a qui parlent gitan et il y en a qui parlent arabe.

Michael : — Parce qu'elles ont chacune leur histoire les religions.

Salima : — C'est normal que tout le monde dise que sa religion est meilleure parce que c'est sa religion. Par exemple toi, t'es française, c'est normal que tu dises moi j'aime bien ma religion française.

Yassine : — Tu confonds le truc de raciste avec la religion. Eux, ils disent sale arabe, mais c'est du racisme.

Salima : — Moi, c'est une question : pourquoi on est toujours du côté de sa religion ?

Mohamed : — Parce que la religion, c'est le plus important.

(…) *Salima* : — Pourquoi on est toujours contre les autres religions ?

Yassine : — Parce qu'on connaît plus sur notre religion. Je préfère la mienne parce que je sais ce que ça veut dire ma religion.

Salima : — C'est bête de se bagarrer pour des religions. Par exemple, moi je suis arabe, c'est bête de se bagarrer avec des Français. On est tous des êtres humains, on est pareil, hein.

Ici encore, on peut distinguer à partir de ces échanges plusieurs approches du phénomène religieux :

– *une approche « théocratique »* : on reçoit la religion, « c'est pas nous qui les avons faites », « c'est le dieu qui décide comma ça » ;

– *une approche « œcuménique »* : toutes les religions se valent plus ou moins et sont équivalentes : « les religions sont pareilles » « y a pas de religion mieux qu'une autre » ;

– *une approche « humaniste »* : ce sont les hommes (« des gens ») qui font les religions ; on les choisit ; « c'est bête de se bagarrer pour des religions » car « on est tous des êtres humains » ;

– *une approche « relativiste ou « sociologique »* : « chaque pays a sa religion » ; « elles ont chacune leur histoire ».

On voit aussi que les enfants ont du mal à dissocier la religion d'autres appartenances linguistiques, nationales ethniques ou culturelles. Réfléchir sur la religion, c'est d'abord la dégager de toutes les autres déterminations avec lesquelles elle s'enchevêtre pour tenter de la considérer dans son essence propre.

PHILOSOPHER EN TERMINALE

La religion est une notion au programme, dans la rubrique « La culture ». La plupart des sujets proposés sur cette notion tournent autour de la question de savoir si « la raison est nécessairement en conflit avec la croyance religieuse » (Lille 1988) ; ou « croire est-ce renoncer à l'usage de la raison ? » (Paris, 1987).

1) *Les tableaux proposés dans le photolangage* permettent une première approche de la question. Dans quelle mesure l'aspect de la foi religieuse qu'ils expriment est-il compatible avec l'exercice de la raison ? Le cosmos évoqué par l'œuvre de Kandinsky est proche de la vision scientifique du monde ; le Saint Jacques en prière de Rembrandt peut suggérer une méditation autant qu'une oraison. En revanche, peut-on conserver l'usage de sa raison dans une foule exaltée par la ferveur ? ou devant la vision d'un buisson ardent qui se donne comme divin ? Le Jugement dernier est ambigü : en un sens, le jugement divin a un côté rationnel, puisqu'il distingue les bons des méchants, et que cette distinction relève de la morale, qui n'est pas forcément religieuse. Mais, en un autre sens, l'idée d'une punition ou d'une récompense éternelle est-elle rationnelle ?

2) *La question de la religion est indissociable de la question de la laïcité*, dont on sait aujourd'hui l'importance. Les énoncés proposés dans le choix d'énoncés comportent chacun une conception implicite des rapports entre la religion et l'État. Il peut être intéressant de les dégager : syncrétisme et œcuménisme (énoncé 1), intégrisme (2), utilitarisme (4,5), opposition et conflit (6), indifférence (8,9). Chacun de ces types de relation peut ensuite être développé et illustré par des exemples historiques ou contemporains.

Indications bibliographiques

Pierre Gisel, *Qu'est-ce qu'une religion ?*, Paris, Vrin, 2007.

Emmanuel Kant, *La religion dans les limites de la simple raison*, trad. J. Gibelin, revue par M. Naar, Paris, Vrin, 1965.

Frédéric Lenoir, *Petit traité d'histoire des religions*, Paris, Le Livre de Poche, 2008.

Roger Pouivet, *Qu'est-ce que croire ?*, Paris, Vrin, 2003.

Yann Schmitt, *Qu'est-ce qu'un Dieu ?*, Paris, Vrin, 2013.

FICHE N° 10 : QUI SUIS-JE ?

ENJEUX ET QUESTIONNEMENTS

La question de l'identité personnelle est à la fois l'une des plus insistantes et l'une des plus difficiles à traiter dans une démarche philosophique collective. C'est aussi l'une de celles qui, par excellence, concerne tous les âges. L'enfant et l'adolescent, dont la personnalité n'est pas encore formée, ne cessent de s'interroger sur ce qu'ils sont, ce qu'ils voudraient être, et ce qu'ils seront compte tenu des contraintes sociales et des circonstances historiques. L'adulte est périodiquement amené à se remettre en question, surtout dans une époque mouvante qui contraint à s'adapter aux changements. En vieillissant, on se retourne sur sa vie, on interroge son passé pour en faire le bilan et se demander si ce qu'on a été correspondait à ce que l'on voulait vraiment.

En ce qui concerne les enfants, la CIDE définit le droit à l'identité à travers un certain nombre de droits précis. L'article 7, tout d'abord, affirme : 1. le droit à un nom ; 2. le droit à une nationalité ; 3. le droit de connaître ses parents et d'être élevé par eux. Ces droits sont ensuite repris dans l'article 8 qui stipule que le droit à un nom individualise l'enfant comme personne singulière, unique, et en même temps, l'insère dans une filiation, une suite de générations où il prend place. Ainsi, *l'identité apparaît d'abord avec une dimension temporelle : être soi, c'est connaître d'où l'on vient, ses origines* ; être capable de se situer dans une généalogie, une collectivité nationale, des appartenances culturelles, et du même coup dans une histoire. De là une première série de questions : *en quoi consiste précisément cette identité familiale* qui précède et détermine largement mon identité personnelle ? Qu'est-ce qui la distingue des autres ? Et pareillement, qu'est-ce que l'identité nationale (et/ ou régionale) que je n'ai pas davantage choisie ? *Que signifie être français (ou belge, suisse, etc.) ?* Et dans le cas d'une double culture nationale, sociale ou religieuse – cas de plus en plus fréquent – comment les deux cultures s'articulent-elles en moi ? Quels conflits, ou au contraire quelles dynamiques engendrent-elles ?

Mais plus profondément être soi, c'est connaître ce que l'on veut au-delà de la satisfaction des besoins élémentaires, qui permettent tout simplement d'exister, et des impulsions immédiates, qui permettent d'échapper à l'ennui. En ce sens, *la réflexion sur l'identité est liée à une réflexion sur les valeurs auxquelles on adhère*, qui structurent nos pensées et nos actions sans toujours être conscientes. Je suis aussi ce que j'espère, ce que j'attends, ce que je souhaite sans forcément disposer des moyens de le vouloir vraiment. Le questionnement porte alors sur les hiérarchies implicites qui constituent ce qu'on appelle ma personnalité : qu'est-ce que je considère comme vraiment important ? Qu'est-ce que je crains et que je déteste le plus au monde ? Quels sont les critères qui commandent mes jugements sur les autres, sur les événements du monde et sur moi-même ?

On peut enfin s'interroger – à tout âge – sur les fluctuations et altérations de cette identité personnelle. Je ne coïncide jamais totalement avec moi-même : « Je est un autre ». *Être soi, c'est aussi s'accorder la possibilité d'être infidèle à soi*, de changer, d'une certaine duplicité, sans laquelle il n'y a pas d'intimité. « Il n'y a que les imbéciles qui ne changent pas », dit la sagesse populaire. Comment concilier cette nécessaire variabilité avec les exigences morales de cohérence et de constance ? Jusqu'à quel point puis-je m'accorder le droit de n'être pas moi dans un monde qui attend que je sois « moi-même » et tend à me sanctionner quand je ne réponds pas à ses prévisions ?

Dès lors on ne s'étonnera pas que sur un tel sujet, les activités interprétatives l'emportent de beaucoup sur les activités argumentatives. Elles sont en effet beaucoup plus appropriées aux questions qui se posent.

Activités à dominante interprétative

1. *Photolangage*

L'exercice est ici un peu différent de ce qu'il est dans les autres fiches. On trouvera ci-dessous cinq portraits datant de toutes les époques de l'histoire de la peinture. Deux sont des portraits d'hommes (et souvent des auto-portraits) ; trois sont des portraits de femmes.

L'activité peut se dérouler de deux manières différentes.

1) *On peut demander à chaque participant de choisir le portrait qui se rapproche le plus de ce qu'il pense ou veut être.* Il ne s'agit pas bien évidemment ici de ressemblance physique, mais plutôt des personnalités qui transparaissent à travers les œuvres grâce au talent du peintre. On peut aussi demander à chacun de choisir le portrait pour lequel il a une préférence spontanée, c'est-à-dire qui représente la personne qu'il trouve la plus « sympathique » (pour prendre un mot compréhensible par tous).

Il n'est pas obligatoire que les participants masculins choisissent des portraits d'hommes et les participantes des portraits de femmes. Si quelqu'un veut choisir un portrait du sexe différent du sien, c'est tout à fait possible.

Ensuite, chacun exprimera et justifiera son choix, ce qui l'amènera à chercher et expliciter, dans le portrait retenu, les détails qui selon lui expriment tel trait de caractère, telle préférence ou attitude, tel choix de valeur. Nous donnons ci-dessous, après les images, quelques significations possibles pour chaque portrait. A ces cinq portraits on pourra en ajouter d'autres pour enrichir et diversifier les identités proposées. On en trouvera sur les sites mentionnés au chapitre 8.

2) *On peut aussi étudier chaque portrait sans souci de choix*. Dans cette démarche, on projette les portraits (d'abord séparément, puis ensemble) et on demande aux participants d'écrire pour chaque portrait quelques mots caractérisant selon lui la personnalité de celui ou celle qui est représenté(e). On fait ensuite, pour chaque portrait, un tour de table afin d'exprimer et analyser les convergences et les divergences. Le but est de produire le maximum de significations (justifiées par des observations) pour chaque tableau.

1

2

3

1. Gustave Courbet, *Le désespéré*
2. Rembrandt van Rijn, *Autoportrait*
3. Sandro Botticelli, *Portrait de jeune femme*
4. Frans Hals, *La Bohémienne*
5. Eugène Delacroix, *Jeune orpheline au cimetière*

4

5

1) **Courbet,** ***Le désespéré*** :

– sentiment de panique intense (yeux exorbités, mains dans les cheveux ébouriffés, etc.) ;

– mais aussi d'incertitude (lèvres entr'ouvertes, narines dilatées) ;

– insouciance quant à la tenue, l'apparence vestimentaire, les conventions sociales (chemise débraillée, manches à moitié retournées, etc.).

2) **Rembrandt,** ***Autoportrait*** :

– lassitude, fatigue physique mais aussi morale (rides du visage, etc.) ;

– souci du mystère, de préserver son intimité (chapeau, vêtement sombre et discret) ; vie intérieure intense et complexe ;

– une certaine détresse transparaît dans le regard qui semble exprimer un muet appel ;

– simplicité des manières et de la vie (visage sans apprêt, vêtement sobre, etc.) témoignant d'une origine modeste.

3) **Botticelli,** ***Portrait de jeune femme*** :

– beauté, raffinement, élégance du visage (*cf.* sophistication de la chevelure, finesse des lèvres, etc.), origine aristocratique ;

– assurance, sentiment d'équilibre, de plénitude, de confiance en soi ;

– sérénité, calme.

4) **Franz Hals, *La bohémienne*** :

– milieu populaire (simplicité et débraillé de la tenue, cheveux sans coiffure, etc.) ;

– gouaille, gaieté (sourire) ;

– simplicité des manières ;

– une certaine sensualité (poitrine découverte, regard assez provocant).

5) **Delacroix, *Orpheline au cimetière*** :

– désespoir (larme perlant au bord de l'œil cerné ; regard appelant un secours) ;

– attitude à la fois d'imploration (à qui s'adresse le regard ?), mais aussi de protestation, voire d'indignation – d'où l'impression d'une personne énergique, ayant du caractère ;

– solitude (paysage désert) ;

– mais volonté de vivre malgré les épreuves (traits volontaires du visage, chevelure relativement soignée).

Les discussions autour de ces portraits devraient pouvoir aborder des questions fondamentales relatives à la manière dont l'identité de chacun de nous est perçue par les autres : comment des éléments purement matériels et corporels peuvent-ils exprimer des traits affectifs et moraux ? Y a-t-il un décalage entre l'image que j'ai de moi-même et celle que je donne à voir aux autres ? Pourquoi ces décalages ? Comment les détecter ? Sont-ils bénéfiques ou néfastes ? Dois-je me préoccuper de l'image que je donne aux autres ? Peut-on apprendre à mieux observer et interpréter ce que les autres nous donnent à voir d'eux-mêmes ? Jusqu'à quel point mon corps exprime-t-il ce que je suis ? etc.

On peut aussi faire cet exercice en utilisant, non plus des œuvres picturales, mais des photos de personnes anonymes. L'intérêt sera alors de confronter, à propos d'une même image, des interprétations éventuellement divergentes, voire contradictoires, et de rechercher ce qui peut les justifier.

2. *Mes héros préférés*

Dans une classe où l'on a l'habitude de travailler régulièrement sur l'actualité, l'enseignant a proposé aux élèves une liste de personnalités qui était la suivante : Zidane, l'abbé Pierre, le commandant Cousteau, le général de Gaulle, Bill Gates, Johnny Halliday, Mère Thérésa, Albert Einstein, Martin Luther King, Picasso. Certains de ces personnages avaient fait l'objet d'exposés, soit en relation avec l'actualité, soit en raison de l'intérêt qu'ils présentent en eux-mêmes; ils étaient donc relativement bien connus des élèves.

La consigne était de choisir, dans cette liste, la personnalité qui se rapproche le plus de ce que je voudrais être ; qui représente pour moi un modèle, ou du moins un idéal, la personnification des valeurs auxquelles je tiens.

Bien entendu, la liste peut être modifiée ou complétée en fonction du groupe auquel on a affaire, ou de l'actualité, ou d'autres considérations.

On peut aussi y inclure des héros imaginaires, comme Jean Valjean, Robin des Bois, Arsène Lupin, Superman, Dark Vador, Harry Potter, etc. L'essentiel est qu'ils soient suffisamment familiers aux participants pour pouvoir être choisis en connaissance de cause.

On peut accepter que les participants choisissent un héros qui ne figure pas dans la liste.

Dans tous les cas, on demandera, lors d'un tour de table, que chaque participant exprime et justifie son choix.

Il est en effet reconnu que l'expression des valeurs propres constitutives de l'identité de chacun est plus facile à partir de l'identification à un modèle ou un héros.

L'animateur pourra écrire au fur et à mesure sur un tableau les valeurs ainsi exprimées.

Dans un second temps, on pourra, par une discussion collective, repérer les valeurs les plus fréquemment avancées et construire ainsi une sorte de diagramme en forme de cercle où les valeurs majoritaires figurent au centre et les valeurs minoritaires ou singulières à la périphérie.

3. *Blason*

Cet exercice est souvent pratiqué dans les stages de développement personnel. On peut l'adapter pour en faire un moyen d'expliciter et d'analyser les valeurs de chacun. Mais il est préférable de ne le pratiquer qu'après avoir effectué l'un des exercices précédents, qui offrent des supports plus concrets. La construction d'un blason peut être une manière de verbaliser plus précisément ce que les activités précédentes ont dégagé d'une manière moins abstraite et moins conceptuelle.

La démarche la plus aisée consiste à élaborer un « blason » divisé en plusieurs parties. Dans chacune de ces parties chaque participant inscrira, sous forme de noms et de verbes-compléments à l'infinitif (pas de phrases) :

– ce à quoi je tiens le plus, ce que j'aime par-dessus tout ; ce que je désire vraiment ;
– ce dont je suis le plus fier ;
– ce dont j'ai le plus peur ;
– ce que je déteste le plus.

Le cas échéant (mais ce n'est pas obligatoire), il est possible de demander à chacun d'inscrire, sur une bande en haut de son blason, la « devise » qu'il adopterait s'il devait en avoir une. Cela suppose, bien entendu, qu'ait été préalablement expliqué ce que c'est qu'une devise et que quelques exemples en aient été donnés. On en trouvera facilement sur Internet (taper par exemple « devises célèbres »).

Ensuite, les blasons ainsi constitués sont affichés, avec le consentement de leurs auteurs (ne jamais obliger quelqu'un à le faire s'il ne le souhaite pas). Cet affichage permettra aux membres du groupe de prendre connaissance des blasons des autres. Munis d'une feuille et d'un crayon, ils noteront les questions qu'ils souhaiteraient poser à l'un ou à l'autre. De retour à leur place, ils pourront se questionner mutuellement pour demander des précisions, constater des convergences ou au contraire des divergences.

4. *Texte littéraire*

Emily est la fille de planteurs vivant à la Jamaïque au 18ᵉ siècle. Devant les dangers qui s'accumulent – cyclones, mouvements de révolte des esclaves – ses parents décident de l'embarquer avec ses frères sur un bateau pour l'Angleterre. Mais le bateau est arraisonné par des pirates qui prennent les enfants à leur bord et les emmènent avec eux.

> C'est alors que survint pour Emily un événement d'une importance considérable. Elle sut tout à coup qui elle était.
> (…) Elle avait joué à se faire une maison dans un recoin, tout à fait à l'avant du navire, derrière le cabestan, auquel elle avait suspendu un trusquin en guise de heurtoir. Fatiguée de ce jeu, elle marchait sans intention précise vers l'arrière, quand lui vint tout à coup la pensée fulgurante qu'elle était *elle*.
> Elle s'arrêta brusquement, et se mit à examiner tout ce qui, dans sa personne, était à portée de ses yeux. Elle ne pouvait pas en voir grand chose, sauf le devant de sa robe, en raccourci, et ses mains quand elle les levait pour les examiner. Mais c'était assez pour qu'elle pût se former une idée grossière du petit corps qu'elle réalisa soudain comme « sien ».
> Elle eut un petit rire moqueur. Elle pensait : « Alors ? Alors, c'est 'toi' et non pas une autre, qui es venue te faire prendre là dedans ? Maintenant, impossible de t'en tirer ; du moins pendant très longtemps ! Il va falloir être une enfant, puis une grande personne, puis une vieille dame, avant d'en finir avec cette sotte plaisanterie ! ».

> (…) Une fois pleinement convaincue de ce fait étonnant qu'elle était « maintenant » Emily Bas-Thornton (…) elle se mit à examiner sérieusement tout ce qu'un tel fait impliquait.
> Premièrement, quelle volonté avait décidé qu'entre tous les êtres du monde, elle serait cet être particulier : Emily, née en telle ou telle année, parmi toutes celles dont le temps est fait, et contenue dans cette petite enveloppe de chair, lui appartenant en propre, et plutôt sympathique… Etait-ce elle qui avait choisi ? Etait-ce Dieu ?
> (…) Deuxièmement, pourquoi tout cela ne s'était-il pas présenté plus tôt à son esprit ? Elle vivait depuis plus de dix ans, et pas une fois elle n'y avait pensé. (…) Comment Emily avait-elle pu être Emily pendant dix années, sans remarquer une seule fois une chose aussi évidente ?
> (…) Mais maintenant, une fois admis qu'elle était Emily, qu'en résultait-il, en dehors du fait d'être enfermée dans son petit corps personnel et d'être embusquée derrière une certaine paire d'yeux ?
> Cela impliquait tout une série de circonstances annexes. En premier lieu, il y avait sa famille, un certain nombre de frères et sœurs desquels elle ne s'était jamais, jusqu'alors, entièrement dissociée ; mais maintenant qu'elle avait, d'une façon si soudaine, acquis le sentiment d'être une personne distincte, ils lui semblaient aussi étrangers que le bateau même ».
> Richard Hughes, *Un cyclone à la Jamaïque*, Plon, 1983, p. 121-124

Ce texte relate la découverte, par une petite fille de 10 ans, du fait qu'elle est « elle-même ». La discussion pourra tourner autour des points suivants :

– Que signifie exactement, pour Emily, savoir « qui elle était » ?

– Quelles relations cette découverte instaure-t-elle entre « elle » et son corps ?

– La question « Pourquoi suis-je moi plutôt qu'un autre » a-t-elle un sens ? Lequel ?

– Pourquoi cette découverte fait-elle de ses frères et sœurs des « étrangers » ?

– Que répondriez-vous à la question d'Emily : « Quelle volonté avait décidé qu'entre tous les êtres du monde elle serait cet être particulier, Emily » ?

DISCUSSION

Dans la mesure où, on vient de le voir, l'identité de chacun est une réalité complexe faisant intervenir une multitude d'appartenances de niveau et d'extension variables, elle ne se prête pas vraiment à un débat argumentatif classique. Elle peut plutôt donner lieu à une discussion où chacun s'interroge sur « ce qu'il est vraiment » et essaie d'expliciter les divers sens qu'il a pour lui et pour les autres. Ces réflexions peuvent néanmoins déboucher sur un travail de distinction et de conceptualisation, comme par exemple :

— je suis Français : *identité nationale* ;

— je suis quelqu'un qui aime la musique rap, le cinéma, le sport : *identité culturelle* ;

— je suis fils d'ouvrier, d'enseignant, d'employés, de cadres, etc. : *identité sociale* ;

— je suis Pierre Durand, fils de Jacques et Madeleine Durand : *identité familiale* ;

— je suis moi, personne singulière, unique : *identité individuelle*…

Un autre questionnement peut porter sur le problème de savoir jusqu'à quel point je suis ce que je suis. « *Est-ce que mon identité est stable, définitive ? Suis-je condamné à être toujours le même ? Est-ce que je peux me changer moi-même, ou est-ce que d'autres peuvent me changer ?* ». On est conduit à remarquer, avec Michel Malherbe, que « c'est en surmontant toujours davantage sa différence d'avec lui-même que l'être considéré devient effectivement identique à lui-même » [1]. Des expériences difficiles et douloureuses d'altération de l'identité personnelle, comme la maladie mentale ou la maladie d'Alzheimer, en témoignent.

On peut ici se référer au questionnement de la fiche « Les âges de la vie » et se demander en quoi grandir, devenir adulte, puis vieillir, change l'identité personnelle de celui ou celle qui vit successivement ces différents âges. D'où une dernière question : « *Est-ce qu'on se sent changer soi-même ?* ». On entend souvent des gens dire : « J'ai changé ». Mais peut-on dire : « Je suis en train de changer » ? (essayer de trouver des exemples concrets et vécus, notamment par rapport aux apprentissages, à l'éducation, mais aussi à la réflexion, la méditation, etc.).

Philosopher en terminale

Ce thème concerne la plupart des notions regroupées sous la rubrique « Le sujet » dans le programme, et notamment les notions de conscience et d'inconscient. Il entre aussi dans certains « repères » comme : en acte / en puissance, identité / égalité / différence, genre / espèce / individu. Il touche également de près à des notions comme la personne ou la responsabilité qui, même si elles ne figurent pas formellement au programme, peuvent difficilement ne pas être abordées dans une classe de philosophie.

1)°*Les œuvres picturales proposées dans le photolangage* peuvent donner lieu à un travail herméneutique. Elles se présentent comme des portraits (et parfois des autoportraits) qui peignent des personnes historiquement, socialement et culturellement situées ; mais en même temps elles donnent à voir un

1. Michel Malherbe, *Alzheimer, la vie, la mort, la reconnaissance*, Paris, Vrin, 2015. Cet ouvrage constitue l'une des réflexions les plus abouties sur ce que c'est qu'être soi, à partir de l'expérience douloureuse de la maladie d'Alzheimer d'un(e) proche.

tempérament, une personnalité et expriment des sentiments universels (angoisse, fierté, sérénité, gaieté, etc.).

On tentera, pour chacune d'elles, d'abord de les situer dans leur contexte (par une recherche documentaire) et de repérer tous les signes qui dénotent ce contexte : habillement, coiffure, technique picturale, etc. Il s'agit ici de ce que Panofsky appelle l'analyse iconographique.

Ensuite, on dégagera les tonalités affectives dominantes pour chacune d'elles, c'est-à-dire « les tendances essentielles de l'esprit humain » qui, pour Panofsky, relèvent de l'analyse iconologique [1]. Ici, bien entendu, il peut y avoir des désaccords, ce qui permet d'amorcer une réflexion sur l'incertitude et l'ambivalence des expressions du visage par opposition à la relative certitude d'une analyse objective des formes picturales.

Ce travail peut permettre une prise de conscience de ce que l'identité personnelle du sujet doit aux conventions et aux modalités d'une aire socio-historique déterminée et ce qui, à travers cette appartenance, relève de ce que Levinas appelle le visage.

2)°*Le texte de Richard Hughes* tiré du roman de Richard Hughes, *Un cyclone à la Jamaïque*, Plon, 1983, p. 121-124, peut être le point de départ d'une réflexion sur la distinction conceptuelle entre « Je » et « moi », ou entre « sujet » et « personne ». Quand Emily se demande : « Pourquoi suis-je moi ? » « et non pas une autre », elle découvre deux faces de son identité propre. D'une part, le « moi qu'elle est » : une petite fille de 10 ans, vivant à la Jamaïque au XVIIIe siècle, voyageant sur un bateau en route pour l'Angleterre, etc. D'autre part, le « je » qui pose la question, et qui est beaucoup plus énigmatique : il ne saurait s'identifier au moi, c'est-à-dire à la personne empirique qu'elle est, puisque précisément il s'en détache pour poser la question; mais ce n'est pas pour autant un sujet vide, purement

1. *Cf.* Erwin Panofsky, *Essais d'iconologie*, Paris, Gallimard, 1967.

formel, à la manière du sujet transcendantal kantien, puisqu'il s'affirme par rapport à d'autres qu'il n'est pas. C'est très exactement la question que pose Pascal : « Je m'effraye et je m'étonne de me voir ici plutôt que là, car il n'y a point de raison pourquoi ici plutôt que là, pourquoi à présent plutôt que lors » [1].

L'élaboration philosophique de cette distinction conceptuelle peut s'aider de la référence à des textes comme le mythe d'Er dans *La République* de Platon (distinction entre l'âme et les vies qu'elle assume au travers de choix cycliques), les *Méditations* de Descartes (cheminement de la conscience immédiate de soi au cogito), les *Pensées* de Pascal (« Où est donc ce moi s'il n'est ni dans le corps ni dans l'âme ? » [2]), Schopenhauer (caractère phénoménal de la diversité des individus par rapport à l'identité et l'unicité du vouloir-vivre [3]), Stirner (« C'est moi qui suis mon espèce » [4]), Bataille (analysant « l'improbabilité infinie » du moi en regard de sa « folle exigence » [5]), H. Arendt (la *consciousness* comme « deux-en-un » [6]).

1. Pascal, *Pensées*, § 205 ; *cf.* aussi § 194, édition L. Brunschwig, Paris, GF-Flammarion, 1993.

2. Pascal, *Pensées*, § 323 : « Qu'est-ce que le moi ? ».

3. *Cf.* Arthur Schopenhauer, *Le monde comme volonté et comme représentation*, Paris, PUF, 2014, III, 7-10 et 134-136.

4. Max Stirner, *L'Unique et sa propriété*, Paris, La Table Ronde, 2000, p. 196.

5. Georges Bataille, *L'expérience intérieure*, Paris, Gallimard, 1954, p. 90-91.

6. *Cf.* Hannah Arendt, *Considérations morales*, Paris, Rivages Poches, 1996, p. 65-68.

INDICATIONS BIBLIOGRAPHIQUES

Stéphane Chauvier, *Qu'est-ce qu'une personne ?* Paris, Vrin, 2003.
Charles Larmore, *Les pratiques du moi*, Paris, PUF, 2004.
Michel Malherbe, *Alzheimer, la vie, la mort, la reconnaissance*, Paris, Vrin, 2015.
Alain Renaut, *L'ère de l'individu*, Paris, Hatier, 1989.

BIBLIOGRAPHIE SÉLECTIVE

SUR LA COMPÉTENCE INTERPRÉTATIVE ET L'HERMÉNEUTIQUE

DENIAU (G.), *Qu'est-ce qu'interpréter ?*, « Chemins philosophiques », Paris, Vrin, 2015.

ELISSADE (Y.), *L'interprétation*, Paris, Bréal, 2017.

ECO (U.), *Les limites de l'interprétation*, Paris, Le Livre de poche, 1992.

GADAMER (H.G.), *L'art de comprendre*, Paris, Aubier, 1992.

STEINER (G.), *Le sens du sens*, Paris, Vrin, 1980.

– *Présences réelles. Les arts du sens*, Paris, Gallimard, 1991.

THOUARD (D.), *Herméneutique contemporaine*, Paris, Vrin, 2011.

RESWEBER (J.P.), *Qu'est-ce qu'interpréter ? Essai sur le fondement de l'herméneutique*, Paris, Le Cerf, 1988.

RICŒUR (P.), *De l'interprétation*, livre I, Paris, Seuil, 1965.

WOTLING (P.) (dir.), *L'interprétation*, « Thema », Paris, Vrin, 2010.

SUR LA PHILOSOPHIE ET LES ŒUVRES D'ART

CHALUMEAU (J.-L.), *La lecture de l'art*, Paris, Klincsieck, 2008.

DIDI-HUBERMAN (G.), *Devant l'image*, Paris, Minuit, 1990.

DERRIDA (J.), *La vérité en peinture*, Paris, Champs-Flammarion, 1978.

GIVRY (H.) et LE FOLL (J.), *Comment voir un tableau*, Paris, Hazan, 2015.

Philo dell'arte. Fiches pédagogiques, téléchargeables sur http:www.calbw.be/fiches-pedagogiques-philo-dellarte

SHERRINGHAM (M.), *Introduction à la philosophie esthétique*, Paris, Payot, 1992.

SUR LES PRATIQUES DE PHILOSOPHIE POUR ENFANTS ET ADOLESCENTS

BLOND-RZEWUSKI (O.), dir., *Pourquoi et comment philosopher avec des enfants ?*, Paris, Hatier, 2018.

CHIROUTER (E.), *L'enfant, la littérature et philosophie*, Paris, L'Harmattan, 2015.

– *Ateliers de philosophie à partir d'albums de jeunesse*, « Pédagogie pratique à l'école », Paris, Hachette, 2016.

GALICHET (F.), *Pratiquer la philosophie à l'école*, Paris, Nathan, 2004. A télécharger sur : http://philogalichet.fr/telechargez-gratuitement-pratiquer-la-philosophie-a-lecole

GALICHET (F.), JEUNESSE (C.), POUYAU (I.), *Les droits de l'enfant*, Les petits débats philo, Paris, UNICEF-Belin, 2006.

LALANNE (A.), *Faire de la philosophie à l'école élémentaire*, Paris, ESF, 2002.

LELEUX (C.), *La philosophie pour enfants, le modèle M. Lipman en discussion*, Bruxelles, De Boeck, 2005.

LENOIR (F.), *Philosopher et méditer avec les enfants*, Paris, Albin Michel, 2016.

OLIVIER (M.), (coord.), *Penser et créer. La pratique de la philosophie et de l'art pour développer l'esprit critique*. Bruxelles, Laïcité Brabant wallon, 2015.

PETTIER (J.-C.), *Apprendre à philosopher*, Lyon, Chronique sociale, 2004.

Philéas et Autobule. Les enfants philosophes, CALBW/Entre-vues, bimestriel–http://www.phileasetautobule.br.Belgique.

PHILOCITÉ, ressources disponibles sur http://www.philocite.eu/outils-pour-les-animateurs

PHILOCITÉ, *Philosopher par le dialogue. Quatre méthodes*, Paris, Vrin, 2018.

POURRIOL (O.), *Ciné philo. Les plus belles questions de la philosophie sur grand écran*, Paris, Hachette Littérature, 2008.

THARRAULT (P.), *Pratiquer le débat philo en classe*, Paris, Retz, 2016.

TOZZI (M.), *L'éveil de la pensée réflexive à l'école primaire*, Paris, Hachette Education, 2001

SUR L'ENSEIGNEMENT DE LA PHILOSOPHIE DANS LES LYCÉES ET LES NOUVELLES PRATIQUES PHILOSOPHIQUES

CHARBONNIER (S.), *Que peut la philosophie ?*, Paris, Seuil, 2013.

Côté-Philo, Le journal de l'enseignement de la philosophie, revue de l'ACIREPH, http://www.acireph.org

Diotime, revue internationale de didactique de la philosophie : http://www.educ-revues.fr/diotime

FERRY (L.) et RENAUT (A), *Philosopher à 18 ans*, Paris, Grasset, 1999.

GALICHET (F.), *Vieillir en philosophe*, Paris, Odile Jacob, 2015.

GFEN Secteur Philosophie : http://www.gfen.asso.fr/philosophie

GRATALOUP (N.), *Philosopher : tous capables*, Lyon, Chronique Sociale, 2005.

Pratiques de la philosophie, revue du Secteur Philosophie du GFEN.

TOZZI (M.) *et alii*, *Apprendre à philosopher dans les lycées d'aujourd'hui*, Paris, Hachette, 1992.

CRÉDITS

Les images figurant dans les photolangages sont téléchargeables sur les sites suivants :
http://www/philogalichet.fr/photolangage-images-a-telecharger/
http://www.philocite.eu
http://www.chaireunescophiloenfants.univ-nantes.fr

Fiche 1 – La justice
L'arbitre Sergei Ivanov en 2016
Photo © Елена Рыбакова/ Wikimedia/CC by 3.0

Honoré Daumier, « Un avocat qui est évidemment totalement convaincu… » (De la série Les gens de la justice), 1845.
Photo © Heritage Image Partnership Ltd / Alamy Banque d'images

Dr. Martin Luther King Jr. à Rockefeller Park, vers 1964.
Photo © CSU Archives/Everett Collection / Bridgeman Images

Nicolas Poussin, *Le jugement de Salomon*,
Musée du Louvre, Paris
Photo : F. Galichet/D.R.

Superman, Dessin © DR

Fiche 2 – La dignité
Nelson Mandela, Président de l'Afrique du Sud, 1994
Photo © Universal History Archive/UIG / Bridgeman d'images

28 septembre 2001, un vieil homme, ancien soldat taliban en Afghanistan, se trouve dans la ville de Peshawar, située au nord-ouest du pays, où il vit désormais.
Photo © UNICEF/UNI36805/Squire

Femme dans un camp de réfugiés au Malawi, 2015.
Photo © Ashley Cooper pics / Alamy Banque Images

Portrait officiel du Président de la République Charles De Gaulle,
Photo © La Documentation française. Photo Jean-Marie Marcel

Fiche 3 –Le travail

Gustave Caillebotte, *Les raboteurs*, Musée d'Orsay, Paris.
Photo : F. Galichet/D.R.

Charles Chaplin (Charlot) dans *Les Temps Modernes*, 1936.
© Universal History Archive/UIG / Bridgeman Images

Ouvriers sur le RCA BUILDING pendant sa construction, New York City, 1932.
Photo © Granger / Bridgeman Images

Maurice Falliès, *Usines à Saint Denis*, Musée de l'Ile de France, Château de Sceaux
Photo © Pascal Lemaître /Musée du Domaine départemental de Sceaux

Johannes Vermeer, *La dentellière*, Musée du Louvre, Paris.
Photo : F. Galichet/D.R.

Fiche 4 – Le bonheur

Enfants souriants
Photo : F. Galichet/D.R.

Matisse, *La danse* (première version, Paris, Mars 1909), Museum of Modern Art (MoMA) – New York.
Succession H. Matisse DIGITAL IMAGE
© 2018, The Museum of Modern Art/Scala, Florence

Charlot (Charles Chaplin)
© Moviestore collection Ltd / Alamy Stock Photo

Piscine dans villa de luxe (Mustiquevilla)
Photo © selfmade2015/CC BY-SA 3.0

Paysage de la Chartreuse
Photo : F. Galichet/D.R.

Fiche 5 – La solitude

S. Botticelli, *La mélancolie*
Collection privée
Photo © Peter Willi/Bridgeman Images.

Caspar David Friedrich, *Le voyageur contemplant une mer de nuages*, Kunsthalle, Hambourg,
Photo : F. Galichet / D.R.

Rembrandt van Rijn, *Jérémie pleurant sur la ruine de Jérusalem*,
RijksMuseum, Amsterdam
Photo : Rijksstudio

Henri Rousseau, *Promenade dans la forêt*, vers 1886,
Kunsthaus, Zürich
Photo : F. Galichet/D.R.

Vincent Van Gogh, *Le vieil homme triste*, 1890,
Kröller-Müller Museum, Otterlo (Pays-Bas).
Photo : F. Galichet/D.R.

Fiche 6 – Âges de la vie

Jean Escoula, *Le bâton de vieillesse*, 1883,
Musée des Beaux-Arts, Angers
Photo : Pierre David

Domenico Ghirlandaio, *Portrait d'un vieillard et d'un jeune garçon*, c. 1490,
Musée du Louvre, Paris
Photo : F. Galichet/D.R.

Francisco de Zurbaran, *La défense de Cadix*,
Musée du Prado, Madrid
Photo : F. Galichet/D.R.

Jacob Jordaens, *Les jeunes piaillent comme chantent les vieux*, c.1638–40,
Musée de Valenciennes, dépôt du musée du Louvre
Photo : F. Galichet/D.R.

Photo d'un cavalier avec son fils
UNICEF/UNI54632/LeMoyne

Fiche 7 – Liberté et autonomie

Voilier depuis la plage de Calahonda, Andalousie, Espagne
Photo : Jebulon/cc-by-sa 3.0

Gandhi
Photo © Dinodia Photos / Alamy Stock Photo

Sydney Bechet, avec Freddie Moore et Lloyd Phillips, au Jimmy Ryan's (Club), New York, vers juin 1947
Photo : William P. Gottlieb/Ira and Leonore S. Gershwin Fund Collection, Music Division, Library of Congress/cc-by-sa 3.0

Eugène Delacroix, *La liberté guidant le peuple*, 1831,
Musée du Louvre, Paris
Photo : F. Galichet/D.R.

Fiche 8 – La mort

Claude Serre, « Sablier », dans *Savoir vivre*
© Éditions Glénat

Soleil matinal sur une côte du massif sud-est de la forêt de Rambouillet
Photo : C. Hardy/cc-by-sa 3.0

Rembrandt van Rijn, *La leçon d'anatomie*,
Mauritshuis, La Haye
Photo : F. Galichet/D.R.

Edouard Manet, *Le suicidé* (détail),
Musée du Louvre, Paris
Photo : F. Galichet/D.R.

Jacques Louis David, *La mort de Socrate*, 1787
Catharine Lorillard Wolfe Collection, Wolfe Fund, 1931, Metropolitan Museum, New York

Fiche 9 – La religion

Pélerins à la Kabba, La Mecque
Photo : Muhammad Mahdi Karim/cc-by-sa 3.0

Vassili Kandinsky, *Composition X*, 1939,
Kunstsamlung Nordhein Westfalen, Düsseldorf.
Photo © Peter Willi / Bridgeman Images

Rembrandt van Rijn, *Saint Jacques Le Majeur*
Collection privée
Photo : F. Galichet/D.R.

Stefan Lochner, *Le jugement dernier*, 1435,
Musée de Wallraf-Richartz et Fondation Corbond, Cologne.
Photo : F. Galichet/D.R.

Fiche 10 – Qui suis-je ?

Gustave Courbet, *Le désespéré*, 1845,
Musée d'Orsay, Paris.
Photo : F. Galichet/D.R.

Rembrandt van Rijn, *Autoportrait*, 1659,
Andrew W. Mellon Collection, National Gallery of Art, Washington
Photo : NGA Images

Sandro Botticelli, *Portrait de jeune femme*, 1475
Photo : F. Galichet/D.R.

Frans Hals, *La Bohémienne*, vers 1625,
Musée du Louvre, Paris
Photo : F. Galichet/D.R.

Eugène Delacroix, *Jeune orpheline au cimetière*, 1824,
Musée du Louvre, Paris
Photo : F. Galichet/D.R

TABLE DES MATIÈRES

Achevé d'imprimer en janvier 2019 par

15 rue Francis de Pressensé
93210 La Plaine Saint-Denis

Numéro d'impression : 142401

Imprimé en France